Ute und Thomas Horn

Zwei unter einer Decke
Das Geheimnis erfüllter Sexualität

Ute und Thomas Horn

Zwei unter einer

Decke

Das Geheimnis erfüllter Sexualität

hänssler

Dr. Ute und Dr. Thomas Horn sind seit 28 Jahren verheiratet. Sie haben gemeinsam eine Tocher von 24 Jahren und sechs Söhne im Alter von 13-22 Jahren. Von Beruf sind sie beide Ärzte für Haut- und Geschlechtskrankheiten. Während Thomas Horn als Oberarzt an einer Hautklinik arbeitet, ist Ute Horn seit der Geburt des zweiten Kindes zu Hause. Sie waren 10 Jahre in einer überkonfessionellen Ehe- und Familienarbeit tätig und haben jahrelang gemeinsam über Ehe- und Kindererziehungsthemen referiert.

Ute Horn hat sich in den letzten Jahren darauf konzentriert, was sie jungen Leuten zum Brennpunkt Nr. 1 »Freundschaft, Liebe und Sexualität« mitgeben möchte. Sie hält Workshops für Teenager und junge Erwachsene in Schulen, Jugendgruppen und Gemeinden sowie Vorträge und Wochenendseminare für Jugendleiter, Seelsorger und Interessierte.

Weitere Informationen unter www.ute-horn.de

Bestell-Nr. 394.862
ISBN 978-3-7751-4862-7

© Copyright der deutschen Ausgabe 2008 by
Hänssler Verlag im SCM-Verlag GmbH & Co. KG • 71088 Holzgerlingen
Internet: www.haenssler-verlag.de
E-Mail: info@haenssler.de
Umschlaggestaltung: oha werbeagentur gmbh, Grabs, Schweiz;
www.oha-werbeagentur.ch
Titelbild: istockphoto.com
Satz: typoscript GmbH, Kirchentellinsfurt
Druck und Bindung: CPI – Ebner & Spiegel, Ulm
Printed in Germany

Dieses Buch widmen wir allen Paaren,
die auf der Suche nach dem Geheimnis erfüllter Sexualität sind.

*Je länger wir an der gemeinsamen Decke stricken,
desto wärmer wird sie.*

Inhalt

Danke

Als Erstes danken wir unseren Eltern, die uns Treue vorlebten und uns lehrten, dass Ehe auf einem lebenslangen Versprechen basiert und eine Schicksalsgemeinschaft ist, die von der Hochzeit bis zum Tod anhält. Ihr Vorbild hat uns geprägt und uns geholfen, durch die vielen Krisen unserer Partnerschaft zu gehen.

Jede Ehe, die geschlossen und gelebt wird, gibt uns Hoffnung. Danke allen Ehepaaren für den Mut, auch in unserer Zeit noch »Ja« zu sagen. Es berührt unser Herz, wenn Menschen gegenseitig Verantwortung füreinander übernehmen.

Danke auch den Mitarbeitern der überkonfessionellen Familienarbeit von Team F, von denen wir die Grundlagen lernten, wie man stabile Beziehungen baut und wie Liebe trotz Unterschiedlichkeit wachsen kann. Wie gut, wenn man nicht alle Fehler selbst machen muss, sondern aus den Fehlern anderer lernen kann. Danke für eure Offenheit, uns an eurem Leben teilhaben zu lassen.

Allen Menschen, die uns zuhörten, uns Rat gaben und mit uns und für uns beteten, wenn wir das Licht am Ende des Tunnels nicht sahen, gilt unser herzlicher Dank. Oft haben wir das Angebot zu Einzel- und Paarseelsorge angenommen, wodurch wir wieder einen gemeinsamen Weg finden konnten.

Vielen Dank auch den Personen, die uns ihr Geheimnis erfüllter Sexualität anvertrauten und die dadurch mithelfen, dass auch andere den Schatz ihrer Intimität entdecken.

Herzlichen Dank an Birgit und Dr. Stefan Kürle, die das Buch aus theologischer und partnerschaftlicher Sicht kommentierten und sehr gute Gedanken beisteuerten.

Nach dem neuesten Stand der Wissenschaft aus gynäkologischer Sicht hat Herr Dr. Gunther Rogmans das Buch überarbeitet. Vielen Dank dafür.

Unser Dank gilt Ute Mayer, die uns bei der Entstehung des Buches fachkundig und zuverlässig begleitet und das Buch kompetent lektoriert hat.

Ute und Thomas Horn

Vorwort

Jede zweite Ehe wird derzeit geschieden. Die Fürther Land-
rätin Gabriele Pauli[1] schlägt vor, Ehen vertraglich auf sieben
Jahre zu begrenzen, um Scheidungskosten zu sparen, und im
Spiegel[2] sagt die amerikanische Anthropologin und Buchau-
torin Helen Fisher, 59, dass die lebenslange Liebe ein Auslaufmodell sei, da der Mensch dafür gebaut sei, jeweils ein Kind
mit einem Partner zu haben und dann weiterzuziehen.

Der 70-jährige Hollywoodstar Jack Nicholson[3] prahlt
damit, dass er angesichts seiner sexuellen Aktivitäten Vater
von 9000 Kindern sein könnte, und wird wie folgt zitiert: »Ich
habe immer so frei gelebt.«

Auf der einen Seite wird uns grenzenlose sexuelle Freiheit
vorgelebt und auf der anderen Seite scheinen viele Paare Probleme mit der Lust zu haben oder verzichten sogar ganz auf
das Ausleben der Sexualität. Aus einer Umfrage für die Frauenzeitschrift Elle[4] unter 1000 Männern und Frauen zwischen
20 und 60 Jahren erfahren wir, dass jedes 8. Paar auch ohne
Sex mit dem Partner glücklich ist.

Was denken Sie?

* Ist eine lebenslange Partnerschaft eine Illusion?
* Gibt es eine erfüllte Sexualität in der Ehe?
* Oder bleibt es ein Wunschtraum?

Wie Mut machend, wenn uns Ehepaare glaubhaft vorleben,
dass erst der Tod sie trennen kann. Über unseren Bundespräsi-
denten wurde im Stern[5] unter dem Titel »Köhlers scheue Königin« berichtet: »Sie sind eben zwei Hälften, die sich beieinander
zu Hause fühlen. Der ganze Präsident ist er nur mit ihr.« Und
auch Thomas Gottschalk[6] sagte vor laufenden Kameras, dass
er am 11. 11. 2007 seinen 30. Hochzeitstag begehen werde.

Kann jeder Mann eine Königin zur Frau haben und jede Frau einen König?

In jede Ehe ist ein ihr eigenes Geheimnis gelegt, eine Art der Liebe, die nur Ihnen beiden gehört, eine Liebe, die unterschiedlichen Phasen unterliegt, nicht immer gleich erlebt wird, die manchmal auch schmerzt und Krisen aushalten muss, aber die zunehmend reifen und wachsen kann.

Geben Sie Ihrer Intimität immer neu eine Chance. Möge Ihnen dieses Buch dazu helfen.

Ute und Thomas Horn

P. S.: Wir bitten um Verständnis, dass wir es von untergeordneter Bedeutung fanden, kenntlich zu machen, wer von uns beiden welchen Satz oder Abschnitt verfasst hat. Um den Fluss der Gedanken beim Lesen nicht zu stören, haben wir deshalb weitgehend darauf verzichtet. In diesem Buch finden Sie unsere gemeinsamen Erfahrungen, Gedanken und Ergebnisse unserer Gespräche und Auseinandersetzungen, Wünsche und Sehnsüchte.

Dieses Buch ist keine wissenschaftliche Abhandlung über Sexualität. Wir erheben keinen Anspruch auf statistisch evaluierte Daten. Es ist ein Buch aus der Praxis für die Praxis und basiert auf vielen Gesprächen, die wir mit Paaren geführt haben.

Die in diesem Buch zur Illustration unserer Ausführungen beschriebenen Erlebnisse sind wirklich passiert. Wir haben jedoch zum Schutz der einzelnen Personen die Namen und Orte geändert.

Einleitung

Es ist mutig, ein Buch zum Thema Sexualität zu lesen. Wir freuen uns darüber, dass Sie nicht alle Fehler selbst machen, sondern aus den Fehlern anderer lernen wollen. Wir hätten uns viel gegenseitigen Frust und viele Verletzungen erspart, wenn uns früher jemand so ein Buch geschenkt hätte. Aber auch dazu gehört schon wieder Mut – einem Paar ein Buch zum Thema »Sexualität« zu schenken oder selbst in den Buchladen zu gehen und nach einem Buch zum Thema Nr. 1 zu fragen.

Kennen Sie das peinliche Gefühl, an der Kasse im Drogeriemarkt zu stehen und dann zwei Packungen Kondome aufs Band zu legen? Neulich ging auch noch der Alarm los, nachdem mein Vorgänger die Verhüterli gekauft hatte und gerade das Geschäft verlassen wollte. Schnell zog die Verkäuferin die »Pariser« noch mal übers Band und der Mann konnte das Geschäft verlassen. Habe ich da nicht eine leichte Röte in seinem Gesicht gesehen?

Irgendwie lässt uns das Thema »Sexualität« nicht kalt. Und wer fragt schon Freunde, Eltern oder Ärzte bei sexuellen Problemen?

Als wir jung verheiratet waren, planten wir, an einem Eheseminar teilzunehmen. Doch welche Kommentare ernteten wir: »Warum geht ihr denn da hin? Ist es schon so weit, dass ihr euch nicht versteht?« »Wir dachten immer, dass ihr eine gute Ehe führt, wozu ein Eheseminar?«

Einige Jahre später hielten wir selbst Eheseminare und luden junge Paare zu Eheabendkursen und Wochenendseminaren ein. Während der Planung hörten wir dann manchmal: »Du kannst Menschen zu Kindererziehungsseminaren einladen, aber nicht zu Ehekursen. Keiner hat Probleme damit zuzugeben, dass er mit seinen Kindern nicht klarkommt. Es ist gesellschaftlich in Ordnung, Fachleute zu Kindererziehungsfragen zurate zu ziehen. Aber wer gibt schon zu, dass er in seiner Partnerschaft Tipps braucht? Dazu ist man entweder viel zu stolz, empfindet es als peinlich oder man geht erst, wenn es keinen anderen Ausweg mehr gibt, sozusagen kurz vor der Scheidung.«

Besonders Männer lassen sich oft nur schwer zu Vorträgen über Partnerschaft einladen. Sie verstehen nicht, was ihre Frau eigentlich will. In ihren Augen ist alles gut und kann so bleiben. Bekanntlich denken viele Männer bei der Hochzeit: »Hoffentlich bleibt meine Frau immer so schön und attraktiv und ändert sich nicht.« Doch Frauen träumen am Traualtar davon, dass sich der Mann in mehreren Punkten unter ihrer »liebevollen« Erziehung noch ändern wird.

So ist auch verständlich, dass man sehr unterschiedliche Antworten über die gleiche Ehe erhalten kann, je nachdem, ob man den Mann oder die Frau fragt. Der Mann gibt seiner Ehe vielleicht Bestnoten, während die Frau unzufrieden ist und sofort mehrere Punkte aufzählen kann, die sie gerne verbessert haben möchte.

Auch im sexuellen Bereich werden Fragen unterschiedlich beantwortet. Der eine findet, dass das Liebesleben sehr gut harmoniert, doch der andere fühlt sich unter Druck gesetzt. Viele haben Probleme, über Sexualität zu reden, und sind auch nicht immer ehrlich miteinander. Es kann auch sein, dass man dem Partner vorspielt, erregt zu sein, oder sogar einen Orgasmus zu haben.

Und dazu kommt noch der Druck der Medien. Dort erfahren wir, wie oft wir Geschlechtsverkehr praktizieren sollten, um »normal« zu sein.

In jeder Ehe gilt es, die sexuelle Liebe zu entwickeln und zu erlernen. Viele Paare sagen, dass die Fähigkeit, Sexualität genießen zu können, mit der Tiefe der Beziehung zunehme. Erfüllte Sexualität hat mit sich verschenken und mit Hingabe zu tun, viel mehr als mit den »richtigen« Techniken. Deshalb soll es in diesem Buch darum gehen:

Kapitel 1 »*Eine Perle unter der Decke*« beschäftigt sich mit der Frage, was Sexualität ist, wie wir Geschlechtlichkeit erleben und wie sich Sexualität entwickelt. Wie sind Sie erzogen worden? Welche Einstellungen und Erlebnisse zum Thema Sexualität bringen Sie mit in die Ehe?

Anschließend werden in *Kapitel 2* »*Lieblingsdecken*« die unterschiedlichen Bedürfnisse und Wünsche von Männern und Frauen auf sexuellem Gebiet beleuchtet.

Wie sieht die Familienplanung aus und welche Verhütungsmethoden sind möglich? Darum geht es in *Kapitel 3* »*Kinderdecken?*«.

Kapitel 4 »*Zusatzdecken*« führt aus, dass erfüllende Sexualität in Freundschaft, Verliebtheit und selbstlose Liebe eingebettet ist. Wie können alle Liebesformen gleichermaßen wachsen und sich gegenseitig fördern?

Was sagt die Bibel zum Thema »Sexualität« und zu außerehelichem Geschlechtsverkehr? Gibt es Hilfen im Umgang mit der eigenen Sexualität? Diesen Fragen gehen wir in *Kapitel 5* »*Biblische Decken*« nach.

In *Kapitel 6* »*Gefährliche Decken*« wird darauf eingegangen, dass Werbung, Medien und Gesellschaftsnormen auch vor unseren Schlafzimmern nicht haltmachen. Wie werden wir geprägt? Was übernehmen wir? Wie ist unsere Einstellung zu Ehebruch, Dreiecksbeziehungen, One-Night-Stands, vorehelichem Geschlechtsverkehr und Ehe ohne Trauschein?

Kapitel 7 »*Kältebrücken*« möchte Mut machen, in die Vergangenheit zu schauen und nachzuspüren, wo Erfahrungen in anderen Beziehungen gemacht wurden, die jetzt Auswirkungen in der Ehe haben.

Am Ende des Buches finden Sie noch weiterführende Literatur.

Nun wünschen wir Ihnen viele gute Gedanken (und Gespräche), damit erfüllende Sexualität in Ihrer Partnerschaft nicht ein Wunschtraum bleibt, sondern Wirklichkeit wird. Mögen Ihnen die grafisch besonders gekennzeichneten

Fragen Anregung geben, innezuhalten und sich miteinander auszutauschen.

Ute und Thomas Horn

Noch ein kleiner Hinweis: Um eine gute Lesbarkeit zu gewährleisten, wurde auf die Doppelnennung der Geschlechterbezeichnungen weitgehend verzichtet. Die männliche oder weibliche Form steht in diesen Fällen als »neutrale« Variante für beide Geschlechter.

1. Kapitel

Eine Perle unter der Decke

»Die sexuelle Liebe ist wie eine Perle innerhalb einer Muschel«, erklärt Michael. »Erst lernt man das Äußere eines Menschen kennen. Das Innerste vertraue ich jedoch nur der Frau an, die mich wirklich liebt und mich auch heiratet.«

- Intimität
- intim werden
- sich jemand vertraut machen

Was lösen diese Worte bei Ihnen aus? Sehnsucht oder Angst? Vorfreude oder Furcht, verletzt zu werden? Viele Menschen wünschen sich vollkommene Hingabe, Einswerden mit einer anderen Person, Zärtlichkeit und Liebe, aber gleichzeitig werden sie wie durch unsichtbare Schnüre davon abgehalten.

In diesem Kapitel wollen wir uns mit folgenden Themen beschäftigen:

- Was ist Sexualität?
- Ist man von Anfang an ein sexuelles Wesen?
- Wie bekomme ich eine realistische Vorstellung von Sexualität?
- Wie kann ich der Sexualität den richtigen Stellenwert geben?
- Welche Wachstumsstufen in Ehe und Sexualität gibt es?

Was ist Sexualität?

Der Begriff Sexualität, zu Deutsch Geschlechtlichkeit, bezeichnet im engeren Sinne alle Phänomene, die zur Befriedigung der sexuellen Bedürfnisse, der geschlechtlichen Vereinigung und der Fortpflanzung dienen. Der Geschlechtstrieb wird beim Menschen zum einen von den Sexualhormonen gesteuert und zum anderen vom Großhirn. Dies bedeutet, dass der Mensch dem Geschlechtstrieb nicht einfach triebhaft ausgeliefert ist, sondern dass das Gehirn über den Geschlechtstrieb bestimmen kann und dass sexuelle Praktiken erlernt werden können. Der Orgasmus ist nicht alleine eine Angelegenheit der Geschlechtsorgane, sondern auch des Kopfes, denn meine Einstellung zur Sexualität hat sehr viel Auswirkung darauf, wie ich Sexualität empfinde. Der Mensch verfügt in unterschiedlichem Maß über die Fähigkeit zur Kontrolle seines sexuellen Verhaltens, das bis zur völligen Enthaltsamkeit, früher mit Keuschheit bezeichnet, reichen kann.

> Meine Einstellung zur Sexualität hat Auswirkungen darauf, wie ich Sexualität empfinde.

Sexualität im engeren Sinne betrifft
- die Befriedigung der sexuellen Bedürfnisse,
- die geschlechtliche Vereinigung,
- die Fortpflanzung.

Sexualität im engeren Sinne ist gesteuert durch
- Sexualhormone und das
- Großhirn.

Im weiteren Sinn versteht man unter Sexualität alle Verhaltensweisen, Empfindungen, Lebensäußerungen und Interaktionen des Menschen in Bezug auf sein Geschlecht. Die Sexualität des Menschen geht weit über den ausgeübten Intimverkehr hinaus. Sie ist Ausdruck seiner Gesamtpersönlichkeit. Verschiedene biologische, psychologische und soziologische Faktoren kommen zusammen, wenn man das Verhalten von Mann und Frau in der intimen Begegnung erklären möchte. Jede Zelle meines Körpers trägt den Chromosomensatz (Erbgut) XX oder XY in sich, das heißt jede Zelle sagt: »Du bist ein

Mann.« oder »Du bist eine Frau.«. Aber es braucht oft eine lange Entwicklung, bis der Mensch sich auch als Mann oder Frau annimmt und empfindet. Das hängt auch sehr davon ab, ob das Mann- oder Frausein von anderen bestätigt wird.

Sexualität im weiteren Sinne betrifft
- Verhaltensweisen,
- Empfindungen,
- Lebensäußerungen,
- Interaktionen.

Von Anfang an ein sexuelles Wesen

Körperliche Nähe
Jeder Mensch sehnt sich von Anfang an nach Liebe, Geborgenheit und körperlicher Zuwendung. Körperliche Nähe mit Hautkontakt, Streicheln oder Massieren werden generell auch unabhängig von sexuellen Beziehungen als Ausdruck von menschlicher Gemeinschaft empfunden. Wenn solche Nähe in Kindheit und Jugendzeit in natürlicher Art und Weise im Elternhaus gelebt wird, nimmt der junge Mensch den körperlichen Kontakt in der Regel als schön, beruhigend, anregend oder beschützend wahr.

Mehr, als uns oft bewusst ist, wird unsere Einstellung zur Sexualität durch das Umfeld geprägt, in dem wir groß wurden. Waren meine Eltern zärtlich miteinander? Wie wurde über Sexualität gesprochen, wie über Männer und Frauen? Lebte ich in der Geborgenheit eines Elternhauses? Habe ich die Scheidung meiner Eltern durchlebt? Alles hat Einfluss und hat mich in meinem Umgang mit mir, meinem Körper und dem anderen Geschlecht geprägt.

Selbstwertgefühl

Erfüllte Sexualität und ein gutes Selbstwertgefühl sind wie zwei Schwestern. Wie kann ich mich an einen anderen Menschen verschenken, wenn ich mich selbst nicht mag? Es ist wichtig, sich in seinen Schwächen und Stärken kennenzulernen und anzunehmen. Man muss seine eigenen Grenzen akzeptieren und lernen, Nein zu sagen. Im Elternhaus wird von klein auf das Selbstwertgefühl des Kindes beeinflusst, und man erfährt, was es heißt, geliebt oder abgelehnt, eine Frau oder ein Mann zu sein.

* Wurde ich auch geliebt, wenn ich nichts leistete, krank oder ungezogen war?
* Habe ich meine Stärken und Schwächen entdecken können?
* Wurde ich gefördert und erzogen?
* Wie wurde ich behandelt, wenn ich etwas kaputt gemacht habe?
* Habe ich gelernt, mich zu entschuldigen und entstandenen Schaden wiedergutzumachen?

Alles das hat Einfluss auf mein Selbstbild und macht mich unabhängig oder abhängig von allgemeingültigen Strömungen in der Gesellschaft wie Mode, Schlankheitsidealen und dem Druck des allzeit jungen und dynamischen Typen.

Das Joch des Schönheitsideals

Gesellschaftlich wird ein irreales, künstliches und oft computeranimiertes Schönheitsideal geschaffen, das besonders auf Frauen einen erheblichen Druck ausübt, diese Idealpersonen als Wirklichkeit anzusehen und ihnen ähnlich zu sein. So ist es nicht verwunderlich, dass Schönheitsstudios, Wellnessfarmen und kosmetische Operationen boomen wie noch nie. Einer Studie der International Spa & Wellness Association[7] zufolge gaben die Bundesbürger im Jahr 2006 rund 75 Milliarden Euro für Wellness aus. Das sind knapp 1000 Euro pro Kopf. 2002 waren es rund vier Milliarden. Eine Million Bundesbürger interessierten sich damals für Wellness, inzwischen sind es sieben Millionen. Das, was sich nach außen in Hochglanzprospekten und Anzeigen als angenehm und entspannend darstellt, bewirkt gleichzeitig für viele Personen einen immer höheren Druck, sich diesen Anforderungen eines Schönheitsideals zu stellen. Wenn der Unterschied der eigenen Figur zu diesen gesellschaftlichen Idealen zu groß ist, führt diese Entwicklung lediglich zur gefühlten Minderwertigkeit der Betroffenen. Fitnessstudios ziehen daraus ihre Profite, ebenso wie Schönheitschirurgen, die Hochkonjunktur haben.

* Brauche ich eine Decke, um mich vor den Blicken anderer zu schützen?
* Ist mir mein Körper peinlich oder finde ich mich schön?

In keiner anderen Zeit wurden Frauen und auch Sexualität in der Öffentlichkeit, in Fernsehprogrammen, Zeitschriften und Filmen so freizügig gezeigt. Bisher war der intime Bereich der Ehe zugeordnet. Man empfand eine natürliche Scham, die einen Schutz der persönlichen Nacktheit vor der Öffentlichkeit darstellte. Nun erleben wir eine durch den öffentlichen Druck hervorgerufene Scham der körperlichen Unzulänglichkeit, die uns das Leben schwer machen kann.

Wenn Sexualität in eine tiefe Liebesbeziehung eingebettet ist, dann ist das Offenlegen der körperlichen Nacktheit ein Ausdruck der gegenseitigen Begegnung. Wir lernen, uns gegenseitig mit Stärken und Schwächen anzunehmen und wertzuschätzen – unabhängig von vorhandenen oder vermeintlich vorhandenen Mängeln, die bisher durch Kleidung verdeckt waren. Nicht der Reiz einer künstlichen Schönheit ist dann vordergründig, sondern die Einzigartigkeit des Partners macht seinen Wert aus.

Jugendzeit und Aufklärung

Alles, was Sie an Aufklärung zu Hause, in Kindergarten und Schule erlebt haben und was Sie gelesen oder gesehen haben, hat Sie geprägt. Ärzte, Sozialarbeiter und Lehrer rechnen damit, dass schon früh Erfahrungen auf diesem Gebiet gesammelt werden. Deshalb werden die meisten jungen Menschen nur über Verhütungsmittel belehrt. Erfahrungen mit verschiedenen Sexualpartnern werden gesellschaftlich im Allgemeinen als normal angesehen. Selten wird über die seelischen Folgen einer zu früh erwachten und ausgelebten Sexualität gesprochen.

In der Nacktheit vor dem Spiegel und in den Armen des geliebten Menschen zeigt sich, ob wir mit Disproportionen und Speckröllchen trotzdem liebenswert sind.

Immer wieder hört man: »Ich würde Sex gerne nur einmal ausprobieren, damit ich weiß, wie es ist, und damit ich mitreden kann.« Aber kann man von einmal ausprobieren erfassen, was der tiefe Sinn der Sexualität ist, dieses Sich-an-den-anderen-verschenken? Und wie mag sich der andere fühlen, an dem ich Sexualität ausprobiert habe? Wird er sich benutzt fühlen, wenn er herausbekommt, dass ich ihn gar nicht persönlich gemeint habe?

Sexualität braucht einen Ort, um Wünsche, Vorstellungen und Träume zu formulieren und sie paradoxerweise gleichzeitig auch loszulassen.

Sexualität ist primär keine Technik, sondern ein Entwicklungsprozess, der einen geschützten Raum braucht.

Früher war der Mann der Drängende und der Erobernde. Die Frau war eher abwartend, abwägend und darauf bedacht, zu erkennen, ob sie in ihm die Sicherheit findet, die sie sich für ihr späteres Leben erhofft.

Heute erleben wir oft auch, dass Mädchen mit einer früh erwachten Sexualität ihre Klassenkameraden verführen. Um sich gegenüber dem Mädchen nicht zu blamieren, lassen sich die jungen Männer darauf ein, aber es entspricht oft nicht dem Innersten ihres Herzens.

Enttäuschung ist so vorprogrammiert, denn Sexualität ist nicht für den kurzen Moment geschaffen, sondern als kontinuierlicher Wachstumsprozess in der Sicherheit einer Ehe. Wahre Geschenke erfordern immer die Freiheit des Schenkenden, ob er dieses entsprechende Geschenk auch geben möchte. Dem anderen einen Gefallen tun und gleichzeitig innerlich nicht dahinterzustehen, ist auf Dauer für beide fade, langweilig und beziehungsstörend. Durch Hingabe und Annahme seiner Andersartigkeit helfen wir dem Partner, Ja zu seinem Mann- oder Frausein zu sagen und immer mehr in seiner Persönlichkeit zu reifen.

> In der Sexualität können wir den anderen beschenken.

Das erste Mal

Dem ersten Geschlechtsverkehr kommt eine große Bedeutung zu, weil er mich katapultartig in einem Lebensbereich aus der Kindheit ins Erwachsenenalter bringt. Um nichts macht man sich so viele Gedanken, redet so oft mit Freunden und Freundinnen wie über »das erste Mal«. Wann wird es sein, mit wem, unter welchen Umständen? Manche machen einen Wettlauf mit anderen Klassenkameraden und denken, dass es wichtig sei, möglichst früh, am besten als Erster der Klasse, Sex erlebt zu haben. Sie glauben, dadurch besondere Anerkennung zu bekommen. Oft ist man dann enttäuscht, besonders wenn es im betrunkenen Zustand auf einer Party war und man sich eigentlich kaum noch daran erinnern kann. Oder es war auf einer Parkbank – angstbesetzt, nur nicht gesehen zu werden. Es wird auf diesem Gebiet auch viel gelogen und angegeben. Wie kann man auch die Wahrheit sagen, wenn es nicht so schön war oder noch gar nicht stattgefunden hat, obwohl man schon 20 Jahre alt ist.

Geprägt wie eine Münze

Die meisten Menschen können sich ans erste Mal genau erinnern, weil das erste Mal wie ein Prägevorgang einer Münze ist. Eine Jungfrau/ein junger Mann ist wie eine noch nicht geprägte Münze. Der erste Geschlechtsverkehr kann die Münze sehr tief und unvergesslich prägen. Wie sind Ihre Erinnerungen an das »erste Mal«? Können Sie auch den Ort genau beschreiben, wo es stattfand? Wissen Sie, welche Kleidung Sie trugen und wie sich die Zeit vorher gestaltete?

Urologen berichten, dass nicht nur Frauen, sondern auch Männer durch »das erste Mal« sehr beeinflusst werden können. Immer wieder werden sie von jungen Männern in der Sprechstunde aufgesucht, die beim »ersten Mal« noch zu jung, überredet, verführt oder betrunken waren. Dabei war es nicht schön oder sie fühlen sich wie Versager, manchmal wurden sie auch ausgelacht. Nun haben sie Angst davor, wieder zu versagen.

Wissenschaftler haben herausgefunden, dass Erfahrungen, die mit Gefühlen verbunden sind, im Gehirn gespeichert werden. An welche Ereignisse aus der Kindheit können Sie sich erinnern? Oft sind es Erlebnisse, die mit Gefühlen wie Wut, Hass, Scham oder Liebe verbunden sind. Andere Erfahrungen werden oft leichter vergessen. Dies erklärt, warum wir die sexuellen Erlebnisse, egal ob sie positiv oder negativ waren, so lange behalten und sie unsere Beziehungen so nachhaltig beeinflussen.

Verletzlich wie eine Rose

Manche vergleichen die körperliche Liebe mit einer Rosenknospe, deren Schönheit sich nur unter optimalen Bedingungen wie Licht, frischem Wasser und Nährstoffen entfaltet. So ist es auch mit der sexuellen Hingabe, die sich in einem geschützten Raum am besten entwickelt, in dem es Liebe, Annahme, Sicherheit und Entscheidungsfreiheit gibt. Oft braucht es einen jahrelangen Prozess, sich selbst und den anderen kennenzulernen und die Freiheit zu bekommen, sich über das Erlebte miteinander auszutauschen. Liebe lässt dem anderen Zeit, fordert nicht, sondern lädt ein und bittet. Liebe akzeptiert ein »Nein« und hält es aus, wenn der andere Zeit für sich braucht. Sexuelle Liebe schließt die Fähigkeit ein, nicht nur sich und die Erfüllung der eigenen Wünsche zu sehen, sondern auch die des anderen.

Realistische Vorstellung von Sexualität

Die Werbung spielt immer mehr mit Sexualität, die losgelöst von jeder Beziehung ist. Viele Männer reagieren sehr stark auf visuelle Reize und sind gefährdet, durch leicht bekleidete Frauen verführt zu werden. In der Wirtschaft wird diese Tatsache zurzeit für Werbungszwecke und Verkaufsstrategien vielfältig missbraucht. Frauen in aufreizender Pose sitzen auf Motorrädern und Autohauben, um den Mann zum Kauf zu verführen.

Hinzu kommt, dass uns in vielen Filmen vorgegaukelt wird, dass Sex immer der absolute Kick, das Nonplusultra ist. Es wird uns verschwiegen, dass man sich um Verhütung kümmern muss, eine Frau alle vier Wochen, meistens unpassend, ihre Periode hat, man auch mal krank sein kann oder Migräne jede Lust im Keim erstickt. James Bond und andere Filmhelden kennen solche Probleme nicht.

Aber auch die Sexualität geht durch Höhen und Tiefen. Das will nur niemand hören und erzählt einem auch nicht jeder.

Sex, ein Weg mit Höhen und Tiefen

In der Sexualität gibt es sehr schöne, aber auch schwierige Erlebnisse. Phasen der Enthaltsamkeit und Phasen der Vereinigung wechseln sich ab. Intimverkehr ist mehr als ein körperlicher Akt. Da der ganze Mensch beteiligt ist, hat die momentane Gefühlslage, z. B. Müdigkeit, Trauer, Mutlosigkeit oder auch Freude und Ausgelassenheit, einen großen Einfluss auf das Erleben der Sexualität. Es braucht eine große Vertrautheit zwischen den Personen, um sich gegenseitig geborgen zu fühlen. Sexualität als Einswerden zweier Menschen bedeutet, dass zwei

Die sexuelle Liebe wird nicht immer gleich erlebt, auch dann nicht, wenn der Partner der gleiche ist.

Menschen lernen, sich aufeinander einzustimmen, sich aneinander zu verschenken und sich über das Erlebte miteinander auszutauschen. Dazu ist eine Basis an freundschaftlicher und selbstloser Liebe wichtig. Da es nicht nur um die Erfüllung der eigenen sexuellen Bedürfnisse geht, sondern auch um die des Partners, braucht es eine gewisse Reife, die befähigt, nicht nur auf sich zu schauen, sondern auch auf das zu achten, was dem anderen gut tut. Die sexuelle Liebe ist etwas ganz Besonderes, aber auch sehr verletzlich. Sie braucht einen Schutz. Wir können mit ihr nicht beliebig machen, was wir wollen.

* Durch welche Filme und Zeitschriften, in denen eine einseitige Art von Sexualität dargestellt wurde, sind Sie geprägt worden?

Das Kennenlernen nicht vergessen

Wenn die sexuelle Liebe zu früh zu einer Beziehung dazugehört, verwendet man viel Zeit dafür, die man sonst für Gespräche, gemeinsame Unternehmungen und zum gegenseitigen Kennenlernen genutzt hätte. Aber gerade für eine stabile Ehe ist ein gutes Fundament im Sinne einer freundschaftlichen Liebe sehr wichtig. Immer wieder haben mir Ehepaare gesagt: »Wenn wir einen Abend zusammen frei haben, wissen wir nicht, was wir damit machen sollen. Wir haben kein gemeinsames Hobby.« Oder sie holen sich zwei bis vier Filme aus der Videothek und schauen sie alle nacheinander an einem Abend an. Ansonsten fällt ihnen nicht viel ein, was man miteinander unternehmen könnte. Sie lassen lieber andere auf der Leinwand etwas erleben, als selbst aktiv zu werden. Damit wir

nicht falsch verstanden werden: Gute Filme können anregen-
den Gesprächsstoff liefern. Aber wir finden es schade, wenn
man seine Zeit weitgehend mit Konsumieren verbringt.
Was planen Sie für Ihre Freizeit?

* Gemeinsame Fahrradtouren,
* Abende mit Gesellschaftsspielen,
* musizieren,
* gemeinsam Bücher lesen und darüber diskutieren,
* in Museen gehen,
* zusammen Sport treiben?

Mein Mann und ich haben in der Kennenlernphase nächte-
lang über »Gott und die Welt« miteinander geredet. Wir wollten alles vom anderen erfahren, welche Gedanken und Pläne
ihn beschäftigen, wie er denkt und
fühlt. Oft ergeben sich auch gute
Gespräche beim gemeinsamen Lesen
eines Buches, nach dem Besuch eines
Theaterstückes oder auch dem Anschau-
en eines Filmes.

> Es ist ein großer Schatz im
> Leben eines Paares, wenn sie
> miteinander diskutieren und
> sich austauschen können.

Geben und Nehmen

In der Sexualität ist Geben und Nehmen so tief verankert wie
Ein- und Ausatmen, wie höchste Anspannung und größte
Entspannung. Da ist es kaum möglich zu
geben, ohne gleichzeitig zu nehmen und
umgekehrt.

> Jede Beziehung lebt davon,
> zu geben und zu nehmen.

Manchmal wird uns mehr oder weni-
ger bewusst, dass wir mit unserem Geben etwas erreichen
oder einfordern wollen. In keinem anderen zwischenmenschlichen Bereich ist die Vielschichtigkeit unseres Handelns so
deutlich wie in der Sexualität. Dem anderen zu geben, ist oft
eng verwoben mit der Tatsache, von ihm benutzt zu werden
und von ihm zu empfangen – mit der Gefahr, den anderen zu
benutzen. Manchmal kann man es selbst kaum trennen.

Sexualität spielt sich zwischen den Polen »sich gegenseitig zu beschenken« und »Befriedigung der jeweiligen Bedürfnisse« ab. Unsere Herzenshaltung dem anderen gegenüber entscheidet wesentlich darüber, ob wir ihn primär »beschenken« oder »gebrauchen« wollen. In der Regel sind aber in zwischenmenschlichen Beziehungen beide Komponenten in unterschiedlicher Ausprägung vorhanden.

Dabei ist der Kompromiss nicht immer die Lösung. Es ist wichtig, aufeinander zuzugehen, sich gegenseitig anzunähern und gleichzeitig freizugeben.

> Liebe ist die einzige Möglichkeit, zwei verschiedene, voneinander entfernte Standpunkte miteinander zu verbinden und damit etwas Größeres, Weiteres zu schaffen.

Gegenseitiges Geben und Nehmen werden sich fließend verändern. Sie sind nicht von vornherein berechenbar. Das Ziel ist kein fixierter Endpunkt, wie zum Beispiel einen Orgasmus zu bekommen, sondern vielmehr ein Weg, sich gegenseitig zu erfreuen, zu beschenken und miteinander glücklich zu sein.

Offenheit und Ehrlichkeit

Nur durch Ehrlichkeit voreinander und die Bereitschaft, an- und miteinander zu wachsen, geschieht es, dass wir uns gegenseitig immer tiefer erkennen. Die Überwindung von Krisen sind dabei wesentliche Meilensteine. Jede dieser Krisen birgt in sich die Gefahr des Scheiterns einer Beziehung, gleichzeitig aber die Möglichkeit des Wachstums des eigenen Erkenntnisprozesses und der gegenseitigen Verbundenheit.

Offenheit und Ehrlichkeit üben auf den Nächsten eine große Anziehungskraft aus, denn in der Bereit-

> Offenheit und Ehrlichkeit machen uns verwundbar, aber auch liebenswert.

schaft, über meine innersten Wünsche und Vorstellungen zu sprechen, offenbare ich mein Herz und erlaube damit dem Gegenüber, mich tiefer und besser kennenzulernen. Dabei offenbart sich die Wirklichkeit meiner Träume, Ideen, Wunsch-vorstellungen, aber auch die der Zweifel, das Wissen um Schwächen und Kämpfe mit meiner eigenen Persönlichkeit.

In der Phase der Verliebtheit ist dieser Prozess, sich in die-ser Tiefe zu begegnen, oft nicht gegeben. Verliebtsein ist ein Gefühl, das oft eine Starterfunktion für eine Beziehung hat und meine Wünsche auf den anderen projiziert. Viele Paare sehen zunächst alles mit einer rosaroten Brille. Die gemein-same Zukunft scheint unproblematisch zu sein. In der Ver-liebtheit werden oftmals Fragestellungen zur gemeinsamen Lebensperspektive – der Frage, ob beide Partner Kinder wol-len, der Realisierung unterschiedlicher beruflicher Vorstellun-gen etc. – ausgeblendet. Aufgrund der starken emotionalen Zugewandtheit scheinen viele dieser Fragen kein echtes Pro-blem darzustellen. Ob eine Beziehung eine Zukunft haben wird, zeigt sich erst, wenn die ersten Krisen kommen, Miss-verständnisse passieren und man erfahren kann, wie wichtig einem der andere ist, wenn er nicht so ist, wie ich es wünsche. Wenn zu früh Sexualität mit in eine Beziehung genommen wird, wird oft im Körperlichen schon eine Nähe hergestellt, die der Tiefe der Beziehung noch nicht angemessen ist. Zu viel Nähe trübt mir den Blick für den Menschen, und ich bleibe vielleicht bei einem Partner, obwohl ich weiß, dass eine Ehe letztlich mit ihm nicht möglich wäre.

Der Sexualität den richtigen Stellenwert geben

Die Kernfrage ist, welchen Stellenwert die sexuelle Liebe im Zusammenleben zweier Menschen hat. Oder anders gefragt: »Wenn es nach fünf Jahren, aus welchen Gründen auch immer, im sexuellen Bereich nicht mehr klappen sollte – wäre das ein Grund, die Beziehung zu lösen? Oder liebe ich den Menschen trotzdem?«

Ist das Versprechen, dem anderen in guten und in schlechten Tagen treu zu sein, ehrlich gemeint und bezieht es sich auch auf den sexuellen Bereich? Ist unsere Liebe stark genug, Durststrecken auf sexuellem Gebiet durchzustehen? Wäre ich bereit, auf diesem Gebiet Hilfe in Anspruch zu nehmen? Es gibt sehr gute Bücher, Seminare, Seelsorgeangebote bis hin zu Ärzten und Psychologen, die auf dem Gebiet der sexuellen Störungen einen Schwerpunkt haben.

Manchmal kommt es mir so vor, als ob die Sexualität einen viel zu hohen Stellenwert in unserem Leben hat. Wir werden durch die Medien darüber informiert, wie oft man als deutscher Mann pro Woche Geschlechtsverkehr hat oder haben sollte und ob man im Vergleich mit Franzosen und Italienern eher liebesmüde oder ein feuriger Liebhaber ist. In Filmen und Zeitschriften werden alle möglichen Techniken und Variationen vorgestellt. Dies kann zu Leistungsdruck führen und ist der eigenen gemeinsamen Entwicklung eher nicht förderlich.

Probezeit mit anschließender Erfolgsgarantie nicht möglich

»Wenn ich wüsste, dass mein Freund jetzt mit mir schlafen wollte, nur um zu wissen, ob es in der Ehe auch klappt, würde ich mich wahrscheinlich total verkrampfen«, sagt Maike. »Ich kann eben nicht alles vorher absichern. Sonst sagt der Nächste: ›Ich heirate dich erst, wenn du auch Kinder bekommen kannst. Bevor du nicht schwanger geworden bist, bestellen wir kein Aufgebot.‹«

Genauso wenig, wie man auf sexuellem Gebiet eine Probezeit mit anschließender jahrzehntelanger Garantie erwerben kann, genauso wenig kann man Ehe ausprobieren. Wie ist es sonst möglich, dass Frauen und Männer längere Zeit unverheiratet zusammenleben, dann heiraten und sich nach ein paar Jahren wieder scheiden lassen? Ob eine Ehe trotz Krisen weiter Bestand hat, ist abhängig von dem festen Entschluss: »Ich will dir treu sein, ich will mit dir durch dick und dünn gehen.« Ich sage nicht beim Eheversprechen: »Ich will bei dir bleiben, solange es gut geht.« Sondern: »Ich will bei dir bleiben in guten und in schlechten Tagen, bis dass der Tod uns scheidet.«

Die Alltagsdecke

Nicht nur in Nationen gibt es Rituale, wie der Alltag gestaltet wird, sondern auch jede Familie und jedes Ehepaar entwickelt für sich eigene Ordnungen und Traditionen.

In der einen Familie ist es im Alltag normal, ein kurzes Frühstück unabhängig voneinander einzunehmen, mittags auswärts zu essen und abends zu einer warmen Mahlzeit zusammenzukommen. Für andere Familien ist ein ausgiebiges gemeinsames Frühstück wichtiger Ausgangspunkt für den ganzen Tag. Von Beginn einer Beziehung an entwickeln sich in einer Partnerschaft gewisse wiederkehrende Regeln und Verhaltensweisen. Die einen halten sie sehr starr ein, bei anderen ist mehr Abwechslung zu erkennen. Es gibt keinen absoluten Maßstab, diese Regeln bei anderen zu bewerten und zu kritisieren. Jede Familie, jede Partnerschaft wird ihr Muster, ihren eigenen Weg finden.

Bei den Mahlzeiten beispielsweise wird es Gerichte geben, die beide mögen oder die der eine oder andere nicht so sehr mag, aber noch gut essen kann. Es ist unwahrscheinlich, dass ein Ehepaar sich entscheidet, mehrmals in der Woche gemeinsam eine Mahlzeit zu sich zu nehmen, bei der ein Partner sich vor dem Gericht ekelt. Den Beteiligten ist bewusst, dass sie einen gemeinsamen Nenner finden

Traditionen sind berechenbar und geben ein gewisses Maß an Sicherheit.

müssen, aber auch wollen, um in einer regelmäßig wiederkehrenden berechenbaren Weise miteinander leben zu können.

Ein solcher gemeinsamer Nenner beinhaltet für jeden Beteiligten immer die Bereitschaft, etwas Neues kennenzulernen, aber auch den Verzicht, Einschränkungen des anderen hinzunehmen (z.B.: »Er mag keine Leber.«). Diese individuell sich entwickelnden Formen geben jeder Beziehung ihre Sicherheit. Sie funktionieren nur, wenn beide aufeinander zugehen und sich anpassen. Es geht nicht, dass immer nur einer auf Kosten des anderen bestimmt.

Genauso wichtig ist es, bei der Ausübung der Sexualität persönliche Verhaltensweisen und Traditionen zu entwickeln, die gegenseitig berechenbar sind und ein gewisses Maß an Sicherheit geben. Wenn wesentliche Grundfragen der Sexualität nicht gelöst sind, dann können sich gemeinsame Formen gar nicht erst entwickeln.

Wesentliche Grundfragen der Sexualität müssen beantwortet werden:

* Findet regelmäßig Sexualität statt?
* Haben wir eine Übereinkunft über die ungefähre Häufigkeit der Sexualitätsausübung?
* Wie ist die Frage nach der Verhütung geklärt?
* Sind wir bereit, Kinder aufzuziehen?

Wenn Sexualität nur auf dem Kick des Eroberns, des Herumkriegens begründet ist, dann sind die Akzente von vornherein nicht auf eine sich dauerhaft stabilisierende Beziehung gelegt. Es können sich zwar auch dann regelmäßig wiederkehrende Verhaltensmuster entwickeln, sie sind aber nicht geeignet, die Beziehung wirklich zu vertiefen.

Sexualität baut auf das Fehlen von Angst und auf gegenseitiges Vertrauen auf.

Das Leben fast jedes Menschen besteht aus einem kontinuierlichen, manchmal schneller, manchmal langsamer stattfindenden Wachstumsprozess der Reifung als eigene Persönlichkeit und der Reifung in Beziehungen. Dieser Wachstumsprozess vollzieht sich in einem Wechsel von gewohnten

Tätigkeiten und Beziehungen als Routine sowie Abwechslung mit neuen Herausforderungen, Verantwortlichkeiten und Abenteuern. Viele Menschen bestimmen bewusst oder unbewusst durch die Wahl ihres Berufes und ihrer Umgebung, ob die tägliche Routine mehr im Vordergrund steht oder ob im Wesentlichen immer wieder neue Situationen auftreten sollen. Es gibt hier erhebliche individuelle Unterschiede.

Wenn wir Sexualität ebenfalls als Wachstumsprozess einer Beziehung ansehen, so gilt grundsätzlich eine ähnliche Ordnung. Ohne eine Routine kann eine Festigkeit und Verlässlichkeit nicht sehr gut und tief wachsen, denn es muss dann immer wieder neu um Ausgangsbedingungen gerungen werden. Routine lebt gerade davon, dass bestimmte Verhaltensweisen einvernehmlich und aufeinander abgestimmt sind, nicht immer wieder hinterfragt werden.

* Haben Sie eine Routine entwickelt?
* Ist sie gefestigt?
* In welchen Bereichen sollten Sie noch daran arbeiten?

Routine entlastet! Für einen Mann kann dies bedeuten, dass er eine Sicherheit hat, dass die gemeinsame Sexualität in regelmäßigen Abständen stattfindet und er nicht immer wieder neu darum kämpfen muss.

Für eine Frau kann es bedeuten, dass ihr Mann akzeptiert, dass sie sich erst ganz auf die gemeinsame Sexualität konzentrieren kann, wenn alle Kinder eingeschlafen sind.

So verschieden wie Menschen sind, so verschieden werden auch solche miteinander abzustimmende Ordnungen sein. Sie geben eine Sicherheit und ersparen viele Auseinandersetzungen. Wenn sie von gegenseitiger Achtung getragen sind, dann führen sie zu einer immer stärker werdenden Möglichkeit der gegenseitigen Beziehung in Hingabe und Verzicht.

Die Sonntagsdecke

Routine tötet, werden viele auf den Abschnitt *Alltagsdecke* hin einwenden. In der Tat tötet Routine, wenn sie ausschließlich stattfindet. Da wir als Menschen auf Wachstum und Veränderung angelegt sind, brauchen wir auch die Ausnahme, das Neue und das Besondere. Wir können eine solche Veränderung aber nur dann richtig bewerten, wenn wir den Vergleich zum Alltag haben. So, wie wir gewohnt sind, im täglichen Leben Arbeitstage und dazwischen Sonntage zu haben, darüber hinaus an besonderen Gelegenheiten auch Festtage, so entwickeln wir für diese unterschiedlichen Zeiten unterschiedliche Formen und Regeln.

Die 68er-Generation hat diese zum Teil sehr verkrusteten Traditionen und Regeln der Generation davor abgeschafft und versucht, eine traditionslose Gesellschaft der völligen gegenseitigen Freiheit zu schaffen. Abgesehen davon, dass hierdurch viele Menschen verletzt wurden, sind auch dabei doch wieder neue Regeln und Traditionen entstanden.

Auch unsere Sexualität braucht ein Gleichgewicht von Routine des Alltags und Besonderheiten des Feiertags, um stabil zu sein. Wir sind als Menschen mit Kreativität und Fantasie ausgestaltet, die uns erlauben, auch in unserer sexuellen Beziehung Überraschungsmomente, neue Wege etc. auszuleben.

> Unser Leben wird stabil, wenn es uns gelingt, ein Gleichgewicht zwischen Alltag mit seiner Routine und Feiertag mit seinen Besonderheiten zu entwickeln und auszuleben.

Franz überrascht seine Frau Maria am Wochenende damit, dass er unaufgefordert einen Babysitter besorgt hat und die beiden einen gemeinsamen Abend in einem netten Restaurant und anschließend eine Nacht in einem kleinen Hotel in der Umgebung verbringen können. Maria, die das Spontane nicht so sehr liebt, lässt sich nach anfänglichem Zögern auf seine Initiative ein. Beide erleben eine sehr intensive gemeinsame Zeit. Franz ist glücklich, dass seine Frau, obwohl sie eher nicht spontan ist, die Zeit genießen kann. Maria staunt über sich selbst, dass sie sich in die Situation hineinbegeben und sie genießen kann. Der ehrliche Austausch über Bedürfnisse, Wünsche und Ängste vertieft die Beziehung der beiden.

Es gibt viele kleine Möglichkeiten der Überraschung. Unserer eigenen Kreativität sind da keine Grenzen gesetzt.

* Wo ist in unserer Beziehung der Überraschungsmoment in der Routine erstickt worden?
* Wo gibt es Verletzungen aus Überforderung, die durch solche besonderen Momente entstanden sind?
* In welchen Bereichen würde ich mir eine Überraschung wünschen?

Wichtig ist, dass auch dieser Bereich wachsen kann. Möglicherweise sprüht der eine Partner vor Ideen und Einfällen. Der Ehepartner kann diese aber gar nicht richtig genießen, weil er sich immer neu schuldig oder minderwertig fühlt. Er kann der Fülle an Veränderungen nichts entgegensetzen. Hier ist es wichtig, sich miteinander auszutauschen. Wir haben alle Stärken und Schwächen. Während beim einen die Stärke vielleicht in der Routine im Leben des Alltags liegt, liebt der andere das Neue, das Abenteuer und die Veränderung. Wenn wir beides als Begabungen ansehen, sind es Möglichkeiten, die gemeinsame Sexualität zu bereichern.

Wichtig ist dabei, die eigene Begabung anzuerkennen. Oft empfinden wir, dass wir glücklicher wären, wenn wir mehr von der gegenteiligen Begabung hätten. Da gilt es Ja zu sagen zu meinen Stärken, aber auch zu meinen Schwächen. Wenn ich in diesen Prozess hineingewachsen bin, fällt es mir leichter, auch die Stärken und Schwächen meines Partners anzunehmen und mich daran zu erfreuen.

* Liebe ich in unserer Sexualität mehr die Routine oder mehr die Veränderung?

* Kann ich mich an meiner Begabung in diesem Bereich erfreuen?
* Sind mir meine Schwächen bewusst? Habe ich sie angenommen?
* Genieße ich die Ergänzung durch meinen Partner?
* Was würde ich mir von ihm / von ihr wünschen?

Enthaltsamkeit gehört zu einer erfüllten Sexualität dazu

Ist die Sexualität ein Trieb, der befriedigt werden muss, so wie Hunger, Durst und Schlaf? Was passiert, wenn ich diesen Trieb über Jahre unterdrücke? Kann man das überhaupt, ohne seltsam zu werden?

Freiheit – Vollzug und Verzicht

Freiheit in der ehelichen Sexualität bedeutet, einerseits den Wunsch nach sexueller Vereinigung aussprechen zu können, andererseits gleichzeitig bereit zu sein, zugunsten des Partners zu verzichten. Dies gilt verständlicherweise auch in umgekehrter Konstellation: ich bin aus Liebe zu meinem Partner bereit, im Sexuellen auf ihn einzugehen, ohne dass ich persönlich ein unmittelbares Verlangen habe.

> Ich bin nicht frei, etwas zu tun, wenn ich nicht gleichzeitig in der Freiheit lebe, es auch zu unterlassen.

In dem gemeinsamen Dialog ist es wichtig, dieses Spannungsfeld von Vollzug der Sexualität und Verzicht auf Sexualität ausleben zu lernen.

In der Regel ist es für die Männer schwieriger, Verzicht zu erlernen. Aber es ist wichtig, um bei Krankheit, beruflicher Abwesenheit oder auch rund um eine Entbindung angemessen zu reagieren. Hat ein solcher Lernprozess des Verzichtes nicht ausreichend stattgefunden, dann kann es zu innerer Zerstrittenheit, außerehelichen Beziehungen oder sogar zum Beziehungsabbruch kommen.

Karsten hat nie eine Zeit des Verzichtens erlebt. Kurz nachdem er und Brigitte sich kennengelernt hatten, schliefen sie schon miteinander und erlebten eine schöne gemeinsame Sexualität. Jetzt war Brigitte schwanger und sie freuten sich auf das erste Kind. Den Verzicht auf Sexualität konnte Karsten kaum ertragen. In seinem Alltag als Skilehrer war Karsten ständig von schönen Frauen umgeben.

Als seine Frau zur Entbindung für mehrere Tage im Krankenhaus war, passierte es. Er schlief mit einer anderen Frau. Wie sollte er damit umgehen, er wusste, dass die Situation gerade jetzt seine Frau zutiefst verletzen würde. Aus Scham und Hilflosigkeit schwieg er, aber es war ein Schatten über ihre Beziehung gekommen, der nicht mehr weichen würde.

Für viele Frauen ist es schwierig, Sexualität Raum zu geben, wenn sie innerlich nicht in gleichem Maße Verlangen danach haben wie ihre Männer. Auch hier ist es wichtig, im gegenseitigen Dialog zu lernen, wie unterschiedliche Standpunkte einander angenähert werden und beide Partner je nach Situation aufeinander zugehen können.

> Verzichten, Fasten, Enthaltsamkeit einüben ist für die Persönlichkeitsentwicklung und die Charakterschulung sehr wichtig.

Rainer Langhans[8], Mitbegründer der sogenannten »Kommune 1«, einer Wohngemeinschaft der 68er-Generation, sagte: »Rückblickend auf die letzten 30 Jahre gehört für mich zur Sexualität ganz wesentlich die Enthaltsamkeit dazu. Ohne Enthaltsamkeit kann man die Sexualität nicht verstehen. Die Erfüllung über quantitative Sexualität zerstört Beziehungen sogar. Und wenn Leute hinterher meinten, wenn sie sich hassen, das hätte nichts mit Sex zu tun, dann irren sie sich.«

Jeder Mensch muss in seinem Leben die Entscheidung treffen, ob er über die Sexualität Herr sein will, oder ob die Sexualität ihn bestimmt. Verzichten, Fasten und Enthaltsamkeit einüben scheint nicht so richtig in unsere moderne Welt zu passen, in der man verlernt hat zu warten. Es ist aber für die Persönlichkeitsentwicklung und die Charakterschulung sehr wichtig.

Enthaltsamkeit hat eine Schutzwirkung
Sehr beeindruckend war für mich auch der Satz eines verheirateten Mannes, der sagte: »Mein größter Schutz vor Ehebruch ist, dass meine Frau die Einzige ist, mit der ich je geschlafen habe. Sie können sich gar nicht vorstellen, wie groß die Hürde für mich wäre, unsere Ehe zu verletzen.«

Es gibt auch unter den Menschen im öffentlichen Leben immer wieder mal Personen, die sich dazu bekennen, enthaltsam zu leben.

In einem Interview gab DSDS-Star – Deutschland sucht den Superstar – Thomas Enns (24) offen zu, dass er noch nie Sex hatte und bis zum ersten Mal in der Hochzeitsnacht warten will. Er sei gläubiger Christ und habe gelernt, Frauen nicht als Sexobjekte zu sehen. Seine »Jungfräulichkeit« werde das Geschenk an seine zukünftige Frau sein. Er habe es sich abgewöhnt, nach kurzen Röcken zu schauen. Enthaltsamkeit erspare einem viel emotionalen Schmerz.

Wie sind Sie in Kindergarten und Schule, von den Eltern oder Geschwistern, auf der Straße oder wohlbehütet aufgeklärt worden? Oft wird jungen Menschen nur vermittelt, wie man sich technisch vor Schwangerschaft und Geschlechtskrankheiten schützen kann, wobei der Eindruck erweckt wird, dass der Schutz allumfassend ist. Aber nur die Enthaltsamkeit gibt einen 100-prozentigen Schutz vor Schwangerschaft und einen größtmöglichen vor Geschlechtskrankheiten. Aber wie schützt man die eigenen Gefühle und die spätere Sexualität in der Ehe? Wer gibt offen zu, dass die Sexualität in der Ehe dadurch beeinträchtigt werden kann, dass man an andere Partner denkt, mit denen es sehr schön war? Und wer spricht über die Verletzungen, die man durch das Ausleben der sexuellen Liebe vor der Ehe erfahren hat?

Adrian[9], 21 Jahre alt, möchte einmal seiner zukünftigen Frau sagen: »Ich war dir schon treu, bevor ich dich kannte, und werde dir immer treu bleiben.«

Das ist mit Sicherheit eine gute Basis für eine glückliche Ehe.

Wachstumsstufen in Ehe und Sexualität

In dem Artikel »Phasen einer Ehe«[10] stellt Dirk Lüling die Frage: »Wie weit sind Sie auf dem Weg zur Einheit?« Er schreibt von vier Phasen, die man im Laufe seines Ehelebens durchlaufen würde:

1. Sich kennenlernen
2. Sich annehmen
3. Miteinander gehen
4. Einheit

Auf einer Zeitachse könnte man sagen, dass die erste Phase durchschnittlich ca. fünf Jahre dauern würde, die zweite ca. zehn Jahre, die dritte wieder ca. fünf Jahre, sodass man nach 20 Jahren die erhoffte Einheit gefunden hätte.

1. Sich kennenlernen
Durch die Hochzeit ist aus Unverbindlichkeit Verbindlichkeit geworden. Man hat eine neue Sicherheit in der Beziehung geschaffen, und gleichzeitig steigen auch die Erwartungen an die Partner. Die Rollen von Ehefrau und Ehemann werden im Alltag erprobt. Man lernt neue Eigenschaften und Verhaltensmuster kennen. Meistens fallen in diese Zeit berufliche Veränderungen und Umzüge.

Zum allgemeinen Kennenlernen kommt in der Ehe noch der Bereich der Sexualität hinzu. Ein Geheimnis gilt es zu entdecken, eine Art von Liebe, die ich nur mit diesem geliebten Menschen erlebe. Es kann einem so vorkommen wie das Erlernen einer Fremdsprache. Mal denkt man, den anderen schon gut zu erfassen – was ihm gefällt und was nicht –, das nächste Mal ist alles ganz anders und man versteht sich nicht. Jeder darf seine eigene Sexualität kennenlernen, wahrnehmen und entwickeln, und dann muss sie noch auf den anderen abgestimmt werden. Der Intimverkehr ist ein sehr verletzlicher Bereich. So können dadurch Schwierigkeiten auftreten, dass man schon Vorerfahrungen hat, an andere Sexualpartner denkt und vergleicht. Oder man versteht sich selbst nicht, geht auf Abstand, obwohl man mit dem anderen schlafen möchte. Dann stellt man vielleicht fest, dass man in der Vergangenheit als Kind missbraucht wurde, es bis zum heutigen Tag aber verdrängt hatte. Auf der anderen Seite kann man auch enttäuscht werden, wenn man ganz unerfahren in die Ehe ging, weil man große Erwartungen und Vorstellungen hatte, die sich nun nicht sofort so erfüllten. Man kann nicht alles in einer Hochzeitsnacht erleben. Lassen Sie sich Zeit. Lernen Sie sich kennen und entdecken Sie Ihre Sexualität. Bleiben Sie neugierig und im Gespräch. Viele Paare erzählen, dass es im Laufe der Ehe immer schöner wird.

In diesen ersten Jahren werden auch die Weichen für Kinder gestellt. Die Zeit des Zeugens und Empfangens ist eine sehr aufregende Zeit. Während jedes Zyklus rechnet man damit, dass ein Kind entsteht. Der Geschlechtsverkehr wird dadurch zu etwas ganz Besonderem. Und wenn es dann passiert ist, empfindet man überwältigende Freude auf der einen Seite, aber auch die Last der Verantwortung, die nun für die nächsten 20 Jahre drückt.

Manche Frauen haben auch Probleme, ihre veränderten Körpermaße anzunehmen, und haben Angst, hinterher keine gute Figur mehr zu haben. Schwangerschaftsstreifen können das Leben verändern, besonders, wenn der Partner damit auch nicht glücklich ist. Nach der Geburt eines Kindes erlebt das Paar oft eine Abnahme der Lust durch Überforderung aus Schlafmangel, oder es entsteht ein Ungleichgewicht zwischen dem Verlangen des Mannes und der Frau. Die Frau erlebt große Veränderungen in ihrem Körper, während der Mann doch eher die Rolle des Zuschauers hat. Hinzu können veränderte Voraussetzungen durch Narben im Scheidenbereich oder nach einem Kaiserschnitt kommen. Haben Sie Geduld miteinander und artikulieren Sie Ihre Bedürfnisse, Wünsche und Ängste.

Große Schwierigkeiten in der Paarbeziehung und auch der Sexualität können dadurch auftreten, dass sich die gewünschte Schwangerschaft nicht einstellt. Es kann ein enormer Druck sein, immer an den fruchtbaren Tagen miteinander schlafen zu müssen. Dann erlebt man die Intimität eher als Zwang – weniger als Freude. Manche Paare machen sich gegenseitig für die scheinbare oder wirkliche Unfruchtbarkeit verantwortlich. Bitte seien Sie vorsichtig damit. Es kann sonst zum Bumerang werden und so tiefe Verletzungen verursachen, die kaum wiedergutzumachen sind. Auch da braucht es Geduld. Manchmal dauert es ein bis zwei Jahre, bis sich der ersehnte Nachwuchs einstellt. Wenn danach immer noch nichts passiert ist, dann suchen Sie den Urologen, Dermatologen bzw. den Frauenarzt auf, um sich beraten zu lassen. Viele Paare bekamen schon ein Kind, als sie es nicht mehr erwarteten und gerade ein anderes Kind adoptierten. Versuchen Sie, sich so wenig Stress wie möglich zu machen.

Wenn die ersten Kinder geboren werden, muss man lernen, Ehepaar zu bleiben und Eltern zu werden. Die meistens unerwartete Mehrbelastung durch Schwangerschaft und Entbindung sowie durch Stress, den Tagesablauf auf Säuglinge abzustimmen und Schreiphasen bei Blähungen, Hunger und anderen Gründen können unbekannte Reaktionen fördern. Man lernt sich in grundlegenden Verhaltensweisen kennen und muss erste Krisen und Enttäuschungen meistern. Andererseits wächst man an und mit seinen Aufgaben und wird immer mehr zu einer reifen Persönlichkeit, die Verantwortung trägt.

2. Sich annehmen

Nun lernt das Paar, die Fremdanteile beim anderen zu akzeptieren und damit angemessen umzugehen. Man muss sich gegenseitig stehen lassen, im Gespräch bleiben, das ein oder andere dem Partner zuliebe lassen, anderes aber auch erbitten. Wie viel Zeit hat jeder für sich und seine Hobbys? In welchen Bereichen haben beide Spaß an einer Sache? Darf jeder eine eigene individuelle Beziehung zu den Kindern haben? Wo sind Stärken und Schwächen in der Kindererziehung, im Umgang mit Geld und Menschen? Vergebung ist ganz wichtig, und die Fähigkeit, über sich und den anderen auch einmal lachen zu können.

Immer noch kann das Familienleben durch weitere Kinder wieder vor neuen Anpassungen stehen. Sie wissen viel voneinander und versuchen nun, einander in aller Unterschiedlichkeit anzunehmen. Sie werden mutiger, Wünsche zu äußern, und verlassen ab und zu bisher eingeschlagene Wege.

Manchmal muss man aber auch zu Grenzen und eingeschränkten Möglichkeiten einfach Ja sagen. Vielleicht wurde einer von Ihnen beiden krank, vorübergehend oder sogar chronisch. Die Sexualität hat einen festen Platz in Ihrem Leben, aber sie ist nicht das Wichtigste. Sie lieben sich auch, wenn längere Phasen der Enthaltsamkeit nötig sind, und haben gelernt, mit der eigenen Sexualität und der des Partners umzugehen. In Gesprächen, auf Seminaren und in Büchern haben Sie erfahren, dass es gut tut, auch Hilfe auf diesem Gebiet in Anspruch zu nehmen, und Sie haben gelernt, dass Sexualität von vielen Faktoren beeinflusst wird.

3. Miteinander gehen

Wenn die Verschiedenartigkeit keine Last mehr, sondern eine Bereicherung ist, dann ist aus dem Gegen- und Nebeneinander ein Miteinander geworden. Das Paar freut sich an den Stärken des Einzelnen, weil es Stärken sind, die dieser Ehe gemeinsam gehören.

Früher ärgerte sich Maria immer, wenn ihr Mann sie ermahnte, sich doch jetzt fertig zu machen, damit sie nicht zu spät kommen würden. Heute ist sie dankbar für seine innere Uhr. Und ihr Mann freut sich daran, dass Maria so eine gute Beziehung zu den Kindern hat. Er ist nicht mehr eifersüchtig, wenn die Kinder beim Verlassen des Hauses nur rufen: »Tschüss, Mama.«

Die Kinder sind nun größer, und man kann wieder mehr Zeit als Paar verbringen, auch mal ein Wochenende oder eine Woche ohne schlechtes Gewissen zu zweit wegfahren und sich neue Betätigungsfelder beruflicher oder ehrenamtlicher Art suchen.

Sie beschäftigen sich nochmals intensiv damit, ob der Kinderwunsch abgeschlossen ist, oder denken über eine endgültige Verhütungsmaßnahme nach. Sie haben mehr Freiräume, Sexualität zu gestalten, da die Kinder nicht mehr so viel Zuwendung brauchen. Urlaube kann man schon mal alleine machen und dann ganz neu entdecken, warum man damals geheiratet hat. Der zweite Frühling kann auch in der eigenen Ehe erlebt werden.

Auf der anderen Seite erleben Sie, dass es mit Teenagerkindern schwerer und nicht mehr so berechenbar ist, gemeinsame Zeit zu zweit zu finden. Teenager wollen zu Partys und anderen Veranstaltungen gebracht und von dort wieder abgeholt werden. Außerdem suchen sie oft gerade dann das Gespräch mit den Eltern, wenn Sie eigentlich in puncto Liebe aktiv werden wollten. Oder Sie haben Ihr Zimmer neben oder unter ihnen und möchten schließlich nicht, dass die Jugendlichen Ihnen beim Liebesspiel zuhören.

4. Einheit

Meinungsverschiedenheiten können schnell, sachlich und ohne große Verletzungen gelöst werden, weil man sich in der Beziehung sicher und geborgen fühlt. Man kennt den Menschen durch und durch und weiß, wie er in bestimmten Situationen fühlt, denkt und was er sich wünscht oder was seine Bedürfnisse sind.

Matthias stöhnt bei der Nachricht, dass das Ehepaar am Sonntag auf eine Geburtstagsfeier eingeladen ist. Er verbringt den Sonntag lieber mit der Familie. Am liebsten ist er draußen in der Natur, weil er unter der Woche immer in geschlossenen Räumen arbeitet. Früher fühlte sich Ulrike von Matthias Reaktion oft verletzt. Sie liebt es, unter Menschen zu sein und mochte solche Abwechslungen. Mittlerweile hat sie gelernt, Matthias zu verstehen, und sie geht manchmal auch alleine zu den Einladungen, oder sie gehen nur für zwei Stunden hin. Es ist sogar schon vorgekommen, dass Ulrike tief in sich den Wunsch spürte, auch lieber zu Hause zu bleiben.

Solche ungeahnten Seiten kann man an sich entdecken, wenn man ehrlich in sich hineinhorcht und Einheit wächst.

* Sind Sie im Zeitplan?

Die Zeitangaben von Dirk Lüling sind natürlich nicht starr. Jedes Paar hat seinen eigenen Zeitplan. Es mag auch Bereiche Ihrer Ehe geben, in denen Sie schon Einheit erleben, und in den anderen fühlen Sie sich noch auf Stufe eins. Um sich auf die Schliche zu kommen, könnten Sie folgende Frage auf sich wirken lassen:

* In welchen Bereichen Ihrer Ehe können Sie sehr gut, in welchen mittelmäßig und in welchen nicht gut miteinander sprechen?

Man könnte diese Kategorien auch den Ampelfarben zuordnen:

- Rot signalisiert, dass man sich immer wieder darüber streitet, sich schnell verletzt und unverstanden fühlt.
- Gelb bedeutet, dass es je nach Stimmung, anderen Belastungen und Tagesform zu mehr oder weniger befriedigenden Lösungen der Probleme kommt.
- Grün steht dafür, dass man wenig bis gar keine Probleme mit dem Bereich hat und schnell gemeinsame Lösungen findet.

Für uns war ein roter Bereich, wenn Ute krank war, was aber auch daran lag, dass Ute selbst damit Schwierigkeiten hatte. Sie wollte gerne stark sein und lehnte sich ab, wenn sie im Bett liegen musste.

Für andere kann es der Bereich Finanzen oder Hobbys sein. Vielleicht denken Sie, dass das Hobby zu viel Zeit oder Geld aus dem gemeinsamen Topf zieht.

Wichtig ist es, ehrlich zu sein und mit dem anderen zu reden. Vielleicht können Sie sich gegenseitig Freiräume zugestehen. Jeder darf pro Monat einen festgelegten Betrag ausgeben, ohne den anderen zu fragen, sozusagen wie Taschengeld. Über alle anderen Beträge wird ein Haushaltsbuch geführt, und größere Anschaffungen werden nur gemeinsam und nach gegenseitiger Absprache gemacht.

Mehr Anregungen, wie man Krisen in Partnerschaften lösen kann, finden Sie in dem Buch »Ich will dir treu sein«[11], wo zwanzig der häufigsten Krisenauslöser dargelegt werden.

Auf sexuellem Gebiet genießen viele nun die Zeit, in der die Qualität oft wichtiger ist als die Quantität. Oft erleben Ehepaare, dass die Sexualität der Frau nach der Menopause eine neue Blütezeit erlebt. Die Frau, befreit von der Angst, gebären zu müssen, kann sich ganz anders hingeben, wird aktiver und so passt sich das Bedürfnis dem des Mannes an. Einheit zu erleben ist wichtiger als einen Orgasmus. Man genießt das Ineinanderkuscheln und kann den Weg viel mehr genießen als das Ziel.

Wir möchten dem Partner, der größeres Verlangen nach sexueller Vereinigung hat als der andere, Mut machen, immer weiter um die Sexualität zu ringen. Werben Sie und geben Sie nicht auf.

Auch wenn Sie als Frau jetzt vielleicht die Drängendere sind. Viele Männer genießen Sexualität noch mal intensiver, wenn die Last des Berufs abfällt.

2. Kapitel
Lieblingsdecken

Der Traum von der Gleichartigkeit

Als sich Jürgen und Anita kennenlernten, träumte Anita davon, alles zu können, was ein Mann kann. Sie übte, Reifen an Autos zu wechseln, ließ sich nicht in den Mantel helfen und trainierte hart für den Marathonlauf, um genauso gut zu sein wie Jürgen. Sie studierten im gleichen Semester, lebten in einer Studentenwohngemeinschaft, und so verkündete Anita eines Tages: »Wir können doch alle Arbeiten gerecht aufteilen und abwechselnd kochen.«

Jürgen wollte Mann sein und verstand darunter, für die Familie einmal den Lebensunterhalt zu verdienen, und wünschte sich eine Frau, die auch bereit wäre, für Kinder auf eine Berufstätigkeit zumindest zeitweise zu verzichten. Er dachte sich: »Anita will alles das, was man dem Mann schon seit Jahrhunderten zuschreibt, aber ich will nicht Aufgaben aus der früheren Frauenrolle übernehmen.«

Immer wieder gab es Diskussionen, und Jürgen wartete auf Situationen, in denen Anita naturgegeben an ihre Grenzen stieß. So freute er sich, wenn sie den Schraubverschluss des Glases nicht aufbekam und beim Fahrrad reparieren doch seine Hilfe brauchte.

Am Ende des Studiums heirateten sie. Zähneknirschend entdeckte Anita im Laufe der Zeit, spätestens als sie sich Kinder wünschten, dass es doch viele geschlechtsspezifische Unterschiede und Verhaltensweisen gibt, die man nicht wegdiskutieren kann, und die sie auch bei ihren Kindern entdecken musste.

Mann und Frau sind anders

Lange Zeit diskutierten die Wissenschaftler darüber, welchen Einfluss die Gene und welchen die Erziehung auf das Verhalten von Mann und Frau hätten. Man ging davon aus, dass den Mädchen durch das Spielen mit Puppen Mütterlichkeit und den Jungen durch die Beschäftigung mit Autos technisches Verständnis antrainiert würde. Typisch weibliches oder typisch männliches Verhalten sei nicht genetisch festgelegt. Die These lautete: »Man wird nicht als Mann geboren, sondern zum Mann erzogen.«

Mittlerweile boomt wieder die andere These. Durch Bücher wie: »Männer sind anders, Frauen auch« von John Gray oder »Warum Männer nicht zuhören und Frauen schlecht einparken« von dem amerikanischen Ehepaar Barbara und Allan Pease wird die These wieder untermauert, dass das meiste doch genetisch festgelegt ist und dass Männer und Frauen von Natur aus, auch in der Sexualität, sehr unterschiedlich sind.

Die Realität der Unterschiedlichkeit

Die meisten jungen Menschen von heute sind sich wieder einig, dass in Mann und Frau verschiedene Baukästen innewohnen. Um unnötige Streitereien und Diskussionen zu vermeiden, wollen wir viele Männer mit vielen Frauen vergleichen und beobachten, wie sie sich von Natur aus verhalten. Im Einzelfall kann es in Ihrer Ehe an einigen Punkten natürlich ganz anders sein.

Bei Männern stellt man fest, dass die meisten einen besseren Orientierungssinn haben und exakter den Weg beschreiben können, schneller erfassen, wie ein neues Elektrogerät funktioniert, und technische Probleme leichter lösen, während Frauen andere Stärken aufweisen. Sie sehen schon beim Anblick ihrer Tochter, ob sie Fieber hat, haben den Geburtstag von Freunden und Verwandten im Kopf, lernen leichter Fremdsprachen und bekommen beim Zeitunglesen trotzdem mit, dass es an der Tür geklingelt hat.

Welche Gehirnhälfte bevorzugen Sie?

Unter dem Titel: »Der große Unterschied«[12] wurde schon 1992 beschrieben, dass sich beim Jungen ab der 16. Schwangerschaftswoche unter dem Einfluss des männlichen Geschlechtshormons Testosteron die Nervenfasern in der Verbindung zwischen beiden Gehirnhälften im sogenannten Corpus callosum reduzieren, sodass verständlich wird, dass der Mann eher nur eine Gehirnhälfte aktiviert, während Frauen beide Gehirnhälften gleichzeitig benutzen.

> Männer und Frauen unterscheiden sich hinsichtlich ihrer Intelligenz nicht, aber sie haben ganz unterschiedliche Fähigkeiten.

Die linke Gehirnhälfte ist Sitz des Sprachzentrums und denkt in abstrakten Inhalten, also Begriffen, Worten und Zahlen. Rechnen ist eine typische Funktion der linken Gehirnhälfte, genauso wie rationales und logisches Denken. Die rechte Gehirnhälfte dagegen denkt unmittelbar in sensorischen Inhalten, also in Bildern. Sie ist Sitz der Fantasie und des Zeichnens. Die Kreativität in Kunst und Musik sowie das räumliche Sehen geschieht hier.

Auf diesen Erkenntnissen basierend kann man die Andersartigkeit von Mann und Frau, die zu unterschiedlichen Stärken und Schwächen führen, besser verstehen.

Vorteile für die Frau

Die Frau kann alle Bereiche des Gehirns simultan aufrufen und schnell zu einem Resultat kommen, oft ohne zu wissen, wie sie zu dem Ergebnis gekommen ist (weibliche Intuition). Außerdem kann sie alles leicht mit Sprache und Gefühlen verbinden (Emotionalität). Sie ist empfindsamer und kann mehrere Dinge gleichzeitig erledigen.

Vorteile für den Mann

Er beschränkt sich auf die Gehirnhälfte, die er gerade braucht, und kann sie effektiver nutzen. Er kann Gefühl von der Sache trennen (Sachlichkeit) und Störungen ausblenden.

Nachteil für die Frau
Leider benutzt die Frau auch dann beide Gehirnhälften, wenn es nicht nötig wäre. Sie kann Sachen und Gefühle oft nicht voneinander trennen und reagiert oft empfindlich und von Gefühlen bestimmt. Da sie an so viele Dinge gleichzeitig denkt, ist sie leichter ablenkbar.

Nachteil für den Mann
Er kann Gefühle oft schwer ausdrücken. Seine Sachlichkeit wird ihm in Beziehungen oft als Gefühlskälte ausgelegt. Seine Entscheidungsfindung dauert oft länger, da er im Gehirn hin- und herschalten muss.

Die männliche Decke
Wir Männer stehen in unseren Beziehungen in der heutigen Zeit in großen Herausforderungen.

Die Werbung und Filmindustrie suggerieren uns mit Vorbildern wie James Bond und Superman den allseits bereiten Mann, der alles kann und alles im Griff hat, gut aussieht und stets erfolgreich ist. Diese Stereotypen kann niemand in der Realität erfüllen, auch nicht die Schauspieler, die in diesen Filmen die Charaktere verkörpern.

In der früheren Rollenverteilung waren die Männer für die Ausübung des Berufes und das Erarbeiten des Lebensunterhaltes der Familie, die Frauen dagegen für die Erziehung der Kinder und die Führung des Haushaltes verantwortlich. Es gab relativ feste Erwartungen, was von einem Mann verlangt wurde.

Klischeehaft könnte man sagen: Der Mann war der Stärkere, konnte gut mit Geld umgehen und hatte letztlich die Verantwortung. Ohne ihn konnte die Frau nach einer Scheidung schon aus finanziellen Gründen nicht alleine leben.

Die jetzige Zeit ist von folgenden Charakteristika geprägt:

* Männer sind oft nicht mehr die Alleinverdiener.
* Viele Frauen erwarten, dass die Ehepartner alle anfallenden Pflichten zu gleichen Teilen erledigen.
* Viele Frauen sind von ihren Männern nicht mehr finanziell abhängig.
* Frauen können durch die Wahl des Verhütungsmittels die Entscheidung, ob ein Kind gezeugt werden kann, auch ohne den Mann treffen.
* Es gibt trotzdem immer noch Berufe, die Sie als Männer nur ausfüllen können, wenn Ihre Frau voll hinter Ihnen steht, sich voll auf Sie einstellt und auf die eigene Karriere verzichtet.

Viele Männer sind verunsichert, wie sie den verschiedenen Anforderungen gerecht werden sollen. Die früheren Rollenbilder waren erfüllbar, die heutigen scheinen häufig unerreichbar.

Diese Situation hat Männer in ihren Grundbedürfnissen völlig verunsichert.

* Was macht mich als Mann aus?
* In welchem Bereich bin ich nicht ersetzbar?
* Wo lohnt es sich für mich noch, zu kämpfen und mich ganz einzusetzen?
* Kann ich meine innersten Wünsche und Bedürfnisse äußern oder ist das nicht mehr zeitgemäß?

Es gibt viele Reaktionsmöglichkeiten auf diese Fragen.

Eine eher traditionelle Rollenverteilung

Viele Männer suchen sich bewusst eine Frau, die bereit ist, ein traditionelles Familienbild zu leben. Sie sind bereit, in der Partnerwahl Kompromisse zu machen, nicht aber in ihrer späteren gemeinsamen Lebensform. Sie wünschen sich oft Kinder und eine Frau, die ganz zu ihnen steht und sie bewundert. Ihnen sind Grundsatzdiskussionen zuwider, sie möchten von vornherein klare Bedingungen haben.

Eine moderne Rollenverteilung
Andere Männer suchen sich eine Partnerin, die ihnen aufgrund ihrer Ausbildung, ihrer Berufstätigkeit und ihrer Ansprüche als sehr attraktiv erscheint. Sie sind bereit, eine gemeinsame Lebensform zu finden, in der die Familie ein oder maximal zwei Kinder haben wird und beide Ehepartner in vielen Bereichen ihre eigenen Wege gehen und ihr eigenes Umfeld gestalten.

Lebensabschnittspartnerschaft – Ausgang offen
Es gibt Männer, die bewusst diesen Entscheidungen aus dem Weg gehen und sich gar nicht erst an eine zweite Person binden. Sie wollen keine Verantwortung in einer Beziehung übernehmen, und wohnen ohne Trauschein zusammen. Die Beziehung lebt, solange es gut geht. Kinder sind in solchen Beziehungen eher ein Hindernis. Materielle Annehmlichkeiten haben meist einen hohen Wert.

Dies sind nur einige Beispiele für Verhaltensmuster. Es gibt in der heutigen Gesellschaft noch wesentlich mehr Varianten der hier dargestellten Aktions- und Reaktionsmöglichkeiten.

Häufig ist uns nicht bewusst, wie sehr solche Entscheidungen die Ausübung unserer Sexualität beeinflussen werden.

In jeder der drei beispielhaft genannten Konstellationen werden die Grundfragen der Sexualität völlig verschieden beantwortet werden. Aufgrund der heute gegebenen Möglichkeiten der Empfängnisverhütung werden somit ganz unterschiedliche familiäre Muster entstehen.

Werte wie lebenslange Partnerschaft, Zahl der Kinder, Unabhängigkeit der einzelnen Partner, Bereitschaft und Fähigkeit zur Hingabe an den anderen, körperliche und seelische Attraktivität bis ins hohe Alter, finanzieller Spielraum werden zu Faktoren, die alle Einfluss auf den Entwicklungsprozess der Sexualität haben werden.

Viele Männer wollen in ihrem Innersten erobern und dann besitzen. Durch die gesellschaftlichen Veränderungen müssen sie erkennen, dass sie nicht mehr besitzen können. Die Berufstätigkeit der Frauen hat diese unabhängig von ihren Männern gemacht. Wenn ein Besitz nicht mehr möglich ist, dann machen sich Männer nicht mehr die Mühe zu erobern.

Dies ist keine Schuldzuweisung an die Frauen, aber eine Reaktion der Hilflosigkeit. Viele Männer erkennen den Anspruch ihrer Frau nach gleichwertiger Berufstätigkeit rein sachlich an. Gleichzeitig empfinden sie ein emotionales Bedürfnis nach Anerkennung durch den Ehepartner und uneingeschränktem Umsorgtsein, was bei gleichzeitiger ganztägiger Berufstätigkeit der Ehefrau nur schwer möglich ist. Wenn beide arbeiten, bestehen kaum Pufferzeiten für unvorhergesehene Ereignisse, wie z. B. Krankheiten von Kindern. Das gemeinsame Lebensmodell bei der Berufstätigkeit beider Ehepartner ist heutzutage oft so eng gestrickt, dass sehr wenige gemeinsame Freiräume zur Entspannung und Kommunikation existieren. Hieraus resultieren zusätzliche Probleme in der Sexualität, die die Spannung in der Beziehung noch erhöhen.

Dass die gegenseitigen Anforderungen an das Funktionieren einer solchen Beziehung gestiegen sind, ist allgemein in der Gesellschaft bekannt. Das Thema eines Seminars[13] dazu lautet beispielsweise: »Partnerschaft zwischen Beruf und Familie: Wie viel Belastung verträgt eine christliche Ehe?« Männer stehen an dieser Stelle besonders in dem Konflikt, einerseits führen zu wollen und andererseits sich auszuliefern. Diesen Konflikt mit dem Ehepartner auszuleben, ist anstrengend, bedarf immer wieder neuer Korrekturen und Veränderungsprozesse und erscheint oft relativ ausweglos. Viele Männer sind schnell entmutigt, wenn sie selbst keinen Lösungsweg erkennen. So ist es nicht verwunderlich, dass viele Männer aus der Verantwortung ausbrechen, der Ehefrau die ganze Verantwortung zu Hause überlassen und in eine Scheinwelt einer weiteren Beziehung, am Computer, im

Internet oder in die permanente Ausübung eines Hobbys als Lebensersatz flüchten. Einen Ausweg mit gemeinsamer Lösung der Konflikte ist nur durch ehrlichen Austausch über Erwartungen, Gefühle und die derzeit empfundene Realität möglich. Dies ist oft für beide Seiten ein sehr schmerzhafter, aber umso heilsamerer Prozess.

* Wo bin ich als Mann in meinem Handeln und meinem Empfinden gespalten?
* Wo teile ich es mit?
* Wo schweige ich?
* Was ist der nächste Schritt zu einer offenen und ehrlichen Kommunikation darüber?

Vielen Paaren ist der Zusammenhang mit der Ausübung ihrer Sexualität nicht bewusst. Aber Sexualität kann dauerhaft nur für beide Seiten zum Wachstum und gegenseitigen Gewinn ausgeübt werden, wenn in den Grundfragen der Beziehung der gemeinsame Wille zur Ehrlichkeit und zur gemeinsamen Lösungssuche besteht. Viele haben eine tiefe Sehnsucht, geschätzt und geachtet zu werden. Dies schließt auch die Achtung in den Bereichen ein, in denen Männer sich hilflos, das heißt ohne Lösungsansatz für die entsprechenden Probleme fühlen. Männer haben ein ausgesprochenes Bedürfnis, zu agieren, das heißt zu handeln, Probleme als Herausforderung zu sehen und damit zu lösen. Aber gerade die zwischenmenschlichen und gesellschaftlichen Konflikte, denen Partnerschaften in der heutigen Zeit ausgesetzt sind, führen Männer oft über die Grenzen ihrer Fähigkeiten hinaus. Umso wichtiger ist es daher, dass die Ehefrau erkennt, dass Ermutigung und Hilfestellung nur dann wirklich hilfreich ist, wenn sie mit Wertschätzung und Bereitschaft zu gemeinsamen Lösungen, die dem Mann Achtung vermitteln, zur Seite steht.

Die weibliche Decke

Viele Frauen genießen die Möglichkeit der heutigen Gesellschaft, in nahezu jede Berufsausbildung einsteigen zu können, um dort »ihren Mann zu stehen«. Sie wollen Karriere machen und hören von allen Seiten, dass sie selbst für sich verantwortlich sind und sich den Lebensunterhalt alleine verdienen müssen. Außerdem erleben sie viel Anerkennung und Erfolg im Beruf, auf die man auch nicht gerne verzichten möchte. Wenn beide in einer Partnerschaft verdienen, besteht die Möglichkeit, nicht nur sich selbst zu verwirklichen, sondern auch mit diesem Geld durch Reisen, gemeinsame Abenteuer etc. die Welt zu entdecken. »Heiraten und Kinder kriegen können wir ja nach dem 30. Lebensjahr.«

»In der heutigen Zeit kann ich mir höchstens ein bis zwei Kinder vorstellen. Alles andere ist unrealistisch und verantwortungslos«, sagte neulich eine 35-jährige, voll berufstätige Frau. »Wenn jede zweite Ehe geschieden wird, muss ich damit rechnen, dass unsere Partnerschaft auch zerbricht, und man kann höchstens mit zwei Kindern arbeiten gehen. Hinzu kommt die Neuregelung, dass mein dann Ex-Ehemann nur noch für mich zahlen muss, bis das jüngste Kind drei Jahre alt ist.«

Bei der Verunsicherung, ob die Beziehung hält, ist ein erlernter Beruf eine Grundabsicherung.

Viele Frauen sehnen sich zwar nach eigenen Kindern, aber mit der oft längeren Berufsausbildung ist dieser Wunsch schlecht vereinbar und wird daher auf einen späteren Zeitpunkt verschoben. Zwischen 25 und 35 Jahren scheint die ganze Welt offen zu sein. Da viele Männer heute nicht unbedingt Verantwortung für heranwachsende Kinder übernehmen wollen, entwickelt sich gesellschaftlich eine Einbahnstraße. Das moderne Frauenbild besteht aus weitgehender Gleichheit mit dem Mann im Beruf und der kompletten Aufgabenteilung im Haushalt. Gleichzeitig wünscht sich die Frau, für den Mann attraktiv zu sein und romantisch verwöhnt zu werden.

Eigentlich will eine Frau erobert werden, aber sie will auch genauso mitentscheiden. Wie soll sie das machen? Viele Frauen erleben diesen Spagat wie ein Leben in zwei Welten, die sie aber nebeneinander leben müssen. Sie finden in dieser Lebensentscheidung nicht den Mann, der das Ganze genauso mitträgt.

> Eine Frau erlebt den Reiz, erobert zu werden, aber auch in Beruf und Beziehungen selbst erfolgreich zu erobern.

Die erste Verunsicherung kommt bei vielen Frauen etwa ab dem 35. Lebensjahr. Dann fragt sie sich:

* Ist mein Partner wirklich auch der Partner fürs Leben, auch als Vater?
* Mein Partner will keine Kinder haben, was nun?
* Wir haben uns so schön arrangiert, jetzt alles aufgeben?
* Ich verdiene mehr als mein Mann, welche Konsequenzen hätte die Entscheidung, Kinder zu bekommen?
* Füllt mich mein Beruf ohne Kinder für das ganze Leben aus?
* Wie soll ich bei der jetzigen beruflichen Anforderung überhaupt eine Babypause machen?

Diese und viele andere Gedanken rütteln an dem bisherigen Konzept. Die ehemalige Familienministerin Renate Schmidt[14] betonte, dass die wenigsten Männer sich einen Rollentausch mit den Frauen vorstellen könnten. Diejenigen, die es versuchten, seien häufig sogar überfordert. »Wir lassen zwar den Lebensentwurf des alleinigen Familienernährers hinter uns, aber wir haben keine produktive Antwort entwickelt, wo es für die Männer hingeht«, sagte Thomas Rauschenbach, der Direktor des Deutschen Jugendinstituts in Berlin. Es herrsche eine große Unsicherheit über die »Rolle des Mannes«.

* Wie geht es Ihnen, wenn Sie in sich hineinhorchen?
* Wie sehen Sie die Rolle des Mannes an Ihrer Seite?

Unterschiedliche Sexualität von Mann und Frau

Mann und Frau sind schon rein körperlich sehr verschieden. Das beginnt mit den unterschiedlichen äußeren und inneren Geschlechtsmerkmalen und spiegelt sich in Stärke und Größe meistens wider. Auch die weibliche und männliche Sexualität ist in ihren Wünschen und Sehnsüchten, im Erleben und Erregtwerden sehr verschieden.

Um gegenseitige Verletzungen zu vermeiden, ist es wichtig, die Unterschiedlichkeit von Mann und Frau in der Sexualität zu verstehen, anzunehmen und damit umzugehen.

Männer geben Liebe für Sexualität, Frauen geben Sexualität für Liebe

Dieser Satz will provozieren und klingt zunächst sehr plakativ. Vielleicht fühlt sich auch der ein oder andere verletzt. Wir wollen damit Männer nicht schlecht reden, nach dem Motto: »Männer wollen immer nur das eine.«

Ziel sollte sein, einen Weg zu finden, dass beide bereit sind, Liebe und Sexualität zu geben und nicht die Absicht oder den Wunsch des anderen zu verurteilen.

Lassen Sie den eingangs aufgeführten Satz unvoreingenommen auf sich wirken. Sie müssen sich nicht verteidigen oder rechtfertigen! Versuchen Sie, sich Erfahrungen, Erlebnisse, Gefühle und Absichten ins Gedächtnis zu rufen. Nehmen Sie sich ernst! Wie würden Sie aus Ihrem Inneren heraus handeln, wenn Sie nicht den Werten Ihrer Erziehung folgen würden?

Vielen fällt der Schritt schwer, das eine vom anderen zu trennen. Aber es lohnt sich, ehrlich darüber nachzudenken.

Was will der Satz aussagen? In vielen Männern ist die Rolle des Eroberers angelegt, dessen, der zeugt, also der nach außen aktiver erscheint, während die Frau, als die Empfangende, das Leben Bewahrende und Austragende eher passiver ist.

Wenn ein Mann um eine Frau wirbt, dann redet er, ist zuvorkommend und macht Geschenke. Er gibt Liebe, um in unserer Aussage zu bleiben, mit dem Ziel, die Frau zu gewinnen und mit ihr zu schlafen. Das ist dem Mann vielleicht nicht immer bewusst, aber in seinem Inneren strebt er genau darauf zu.

Bei Frauen ist es oft umgekehrt. Sie sehnen sich nach Zärtlichkeit, wollen auf dem Schoß sitzen, einfach nur im Arm liegen, kuscheln, gestreichelt werden, schmusen, und damit sie das spüren können, geben sie dem Mann Sex.

Aus Amerika sind Untersuchungen bekannt, dass junge Mädchen und Frauen nicht so leicht sexuelle Beziehungen eingehen, wenn sie von ihren Vätern Zärtlichkeit bekommen, noch auf dem Schoß sitzen und im Arm des Vaters liegen dürfen.

Ist Ihnen an sich selbst und anderen nicht auch schon aufgefallen, dass viele Mädchen und Frauen immer wieder Arm in Arm mit der Freundin herumlaufen, dass sie eng aneinandergeschmiegt auf dem Sofa sitzen und es lieben, auf dem Schoß der Freundin zu sitzen, wenn zu wenig Platz ist? Frauen lieben den direkten Körperkontakt.

Ist nicht Hingabe an den anderen der Schlüssel für eine intensive Beziehung? Diese lässt sich nicht vertragsmäßig praktizieren, sondern erfordert die persönliche Entscheidung jedes Einzelnen, den anderen zu lieben. Und doch konkurrieren in uns gleichzeitig eigene Bedürfnisse und die Sehnsucht, den anderen beschenken zu wollen. Wenn Sexualität nicht in eine gegenseitige tiefe Liebesbeziehung eingebettet ist, dann kippt sie ganz schnell in Benutzen und Benutztwerden um. So ist es nicht verwunderlich, dass auch in Ehen viele Formen des Missbrauches von Sexualität bis hin zu körperlicher Gewalt einschließlich Vergewaltigungen möglich sind. Die Überschrift, dass Männer Liebe für Sexualität geben

> Das Geheimnis einer erfüllten Sexualität besteht in der gegenseitigen Hingabe.

und Frauen Sexualität für Liebe, steht oft am Anfang einer Beziehung. Wenn sich ein Mann und eine Frau gegenseitig Freiheit und Hingabe geben, werden sie in ihrer Herzensbeziehung und auch in ihrer sexuellen Beziehung zueinander wachsen. Dann werden sich diese Ausgangsstandpunkte mehr und mehr verändern. Es wird ein gemeinsamer Wachstumsprozess daraus resultieren, in dem die beiden eine für sie individuelle und vor der Öffentlichkeit geschützte Sexualität in ihrer eigenen Vielfalt entwickeln.

* Wie sieht das in Ihrer Beziehung aus?
* Wäre es nicht das Beste, wenn Mann und Frau sowohl Liebe als auch Sexualität aus Hingabe an den anderen geben?

Mit oder ohne Vorspiel?

Frauen erleben Sexualität ganzheitlicher, deshalb ist auch die Zeit vor dem Ausleben des Geschlechtsaktes so wichtig. Bei der Frau muss alles stimmen. Die Atmosphäre muss harmonisch sein. Wie kann man miteinander schlafen, wenn man sich gerade gestritten hat, Unstimmigkeiten in der Luft hängen oder man lieblos miteinander war? Der ganze Tag ist wie eine Vorbereitung auf den Geschlechtsakt. Vorfreude ist die schönste Freude. Vielleicht etwas Musik, ein paar Kerzen, die ihr warmes Licht verbreiten... dann gibt sich eine Frau gerne den sexuellen Gefühlen hin. Frauen lieben diesen langsamen Anstieg.

> Ein Kuss am Morgen, ein Anruf von der Arbeit, eine SMS, eine rote Rose beim Nachhausekommen, ein Blick so wie beim Sichkennenlernen – und eine Frau fühlt sich begehrt und liebevoll mit hineingenommen in die erotische Welt.

Männer können von jetzt auf gleich auf 100 sein. Sie haben das Ziel im Auge und oft nervt es sie, wenn Frauen so viel Wert aufs Vorspiel legen. Ein Geheimnis von erfüllter Sexualität ist, dass ich den anderen immer bewusst wahrnehme. Je mehr Freude Ihre Frau am Liebesspiel hat, desto mehr Freude werden auch Sie daran haben. Lassen Sie sich Zeit, gönnen Sie sich einander und entdecken Sie sich gegenseitig.

Sprechen Sie miteinander über Ihre Unterschiede, lernen Sie sich auch darin besser kennen. Geben Sie Raum, sich gegenseitig darin zu entwickeln und zu verstehen.

Unterschiedlich starkes Verlangen von Mann und Frau

Männer und Frauen haben oft ein unterschiedlich starkes Verlangen nach sexueller Vereinigung. Beide fühlen sich dabei nicht wohl, der eine ist immer in Zugzwang, und der andere kommt sich wie ein Bettler vor, der ständig abgewiesen wird. Sprechen Sie ehrlich miteinander. Fragen Sie Ihren Partner: »Wie oft möchtest du am liebsten mit mir schlafen?«

Statistischer Druck

Lassen Sie sich nicht durch angebliche Statistiken unter Druck bringen! In Tageszeitungen und Boulevardblättern erscheinen in regelmäßigen Abständen solche Tabellen. Manchmal kann man lesen, dass man durchschnittlich zwei- bis dreimal pro Woche Sex haben sollte.

Ich kenne ein Ehepaar, das nach eigenen Angaben jeden Tag Sex miteinander hat. Für die meisten Paare wäre das undenkbar. Ein anderes Ehepaar erzählte, dass es einmal im Monat miteinander schlafen würde. Für sie beide wäre das gut so, gaben sie beide, unabhängig von der Aussage des anderen, an.

Es gibt beim Sex kein mindestens oder höchstens, solange beide damit zufrieden sind.

Vortäuschen falscher Tatsachen als Ausweg

Wenn man nicht ehrlich und offen miteinander spricht, können sich ungute Dinge entwickeln. Dann stellt man sich schon schlafend und antwortet nicht mehr auf Fragen, obwohl man nur den Atem anhält. Oder man täuscht eine Migräne oder Übelkeit vor, um nicht mit dem Partner schlafen zu müssen.

Andere gehen bewusst später ins Bett und hoffen, dass der Partner dann schon schläft.

Vielleicht kommt beim Gespräch heraus, dass Sie als Mann zweimal pro Woche mit Ihrer Frau schlafen wollen, aber Ihre Frau nur einmal alle 14 Tage.

Oder umgekehrt: Sie als Frau würden gerne öfter mit Ihrem Mann schlafen, aber Ihr Mann ist oft zu müde und lustlos. Ich bin schon von mehreren Frauen angesprochen worden, dass sie darunter leiden, dass der Mann sie nicht so oft begehrt.

> Seien Sie sich zu schade für Unehrlichkeiten!

Planen kontra Spontaneität

Wann kommt es bei Ihnen zur sexuellen Vereinigung? Soll sich alles spontan entwickeln? Oder planen Sie einen Abend ein, an dem Sie Zeit für Intimverkehr haben?

Manche sagen, dass man Sex nicht planen könne, aber das stimmt so auch nicht. Gute Gefühle beginnen im Kopf, in der Erwartung, in den Vorstellungen. Wenn Sie wissen, dass es heute Abend wieder so weit sein wird, dann können Sie sich schon den ganzen Tag über Bereitschaft und Freude aufbauen. Besonders wenn beide berufstätig sind, einer immer wieder Geschäftsreisen machen muss oder Kinder mit im Haus leben, ist es wichtig, sich durch Planung auch Freiräume für die sexuelle Liebe zu schaffen.

Spontaneität wird bei vielen Beziehungen sehr unterschiedlich beurteilt. Für den einen mag Flexibilität das größte Geschenk überhaupt sein, und er freut sich auf das nächste ungewöhnliche Ereignis. Für den anderen kann eine Überraschung die Verunsicherung schlechthin bedeuten, und er fürchtet sich, in eine für ihn nicht berechenbare Situation zu kommen.

Das gilt auch für die Sexualität. Vielleicht möchten Sie Ihren Partner gerne ab und zu verführen und sind dann enttäuscht, wenn er diese Spontaneität nicht nachvollziehen kann, sich völlig überrumpelt fühlt und entsprechend kalt und abweisend reagiert. Solche Situationen führen schnell zu Verletzungen, bei dem, der die Überraschung geplant und initiiert hat oder auch bei dem, den sie verunsichert. Tauschen Sie sich über Ihre Möglichkeiten, aber auch Ihre persönlichen Grenzen aus und respektieren Sie sie zunächst. Vielleicht sind sie nicht so unverrückbar, wie sie am Anfang erscheinen.

Spontaneität kreiert für den einen etwas Neues, Spannendes, für den anderen ruft sie Unsicherheit hervor. Vollständige Planung ohne Spontaneität gibt dem einen ein hohes Maß an Sicherheit, der andere ist dadurch gelangweilt.

Ein Mann wünschte sich von seiner Frau zum Geburtstag einmal zehn Überraschungen. Er meinte, das könnte auch ein Überraschungsspaziergang oder ein paar Marzipankartoffeln in seiner Arbeitstasche, ein Abend mit Rotwein, Baguette und Käse oder eine Spruchkarte sein. Es muss nichts oder nicht viel kosten, aber es soll den Alltag versüßen.

Viele wünschen sich auch, dass der Partner mal nach Hause kommt und sagt: »Schatz, pack das Nötigste ein, in drei Stunden geht unser Flieger. Ich habe ein Superschnäppchen gemacht. Ich verrate dir auf dem Flughafen, wohin die Reise geht.«

Ehrlich gesagt, wäre das für mich die totale Überforderung und ich würde mich um die Vorfreude betrogen fühlen. Einen runden Geburtstag habe ich ein ganzes Jahr lang geplant und mir immer ausgemalt, wie es werden würde, wie sich meine Gäste wohlfühlen, wie die Dekoration sein sollte, wie die Einladungskarten. Das war das Schönste. Ehrlich gesagt, hätte das Fest dann fast gar nicht mehr stattfinden müssen. Ich hatte das ganze Jahr über schon so viel Freude daran.

* Womit überfordern Sie Ihren Partner? Mag er Überraschungen oder lebt er von Vorfreude?

Seien Sie bereit, neue Wege zu gehen!

Enthaltsamkeit

Was halten Sie von einer gewissen Zeit Enthaltsamkeit, z. B. vier Wochen? Sie werden vielleicht entdecken, dass der Partner mit weniger Lust auf häufigen Beischlaf auf einmal auch Sehnsucht bekommt und es vorher nur nicht gemerkt hat, da das Werben des anderen immer so stark war und als Bedrängen empfunden und innerlich abgelehnt wurde. Es ist sehr herausfordernd, wenn auf einmal die Rollen vertauscht sind. Manchmal braucht es etwas Anstrengung und beidseitige Bereitschaft, um festgefahrene Wege zu ändern, damit nicht immer der Gleiche fordert und der andere sich überreden lässt.

Ständige Bereitschaft

Die andere Möglichkeit wäre, dass man vier Wochen lang immer dann zusammenkommt, wenn einer von beiden es möchte. Sie werden eine interessante Entdeckung machen. Wahrscheinlich möchte Ihr Partner gar nicht jeden Tag zweimal mit Ihnen schlafen, wie Sie jetzt vielleicht befürchten. Wichtig wäre, sich zu versprechen, dass man seine Wünsche im Laufe des Tages einander mitteilt, damit man sich innerlich vorbereiten kann.

Janina versprach ihrem Mann, für zwei Wochen immer mit ihm intim zu werden, wenn er es sich wünschte, und machte eine erstaunliche Entdeckung. Dadurch, dass sie zwei- bis dreimal in der Woche mit ihrem Mann schlief, wurde für sie die Hürde niedriger, auf das Werben ihres Mannes einzugehen. Sie konnte den Geschlechtsverkehr mehr genießen und bekam mehr Lust, auch mal gewohnte Bahnen zu verlassen. Es bestätigte sich für sie, was sie auf einem

*Seminar mal gehört hatte: dass bei Frauen eine gewisse Regelmä-
ßigkeit oft ihre Erregbarkeit steigert, wohingegen lange Zeiten der
Enthaltsamkeit die Lust herabsetzen können.*

* Was würde Ihnen gut tun? Enthaltsamkeit oder das Versprechen:
  »immer wenn du willst«?

Haben Sie Mut, in gemeinsamer Absprache und Übereinkunft
neue Erfahrungen zu machen. Gehen Sie offen mit Siegen und
Niederlagen bei solchen Wegen um. Aber seien Sie realistisch,
welchen Weg Sie miteinander gehen können. Überfordern Sie
sich nicht. Und tun Sie nichts ohne gegenseitige Übereinkunft.
Verurteilen Sie weder sich selbst noch den anderen, wenn Sie
empfinden, gescheitert zu sein. Es geht nicht primär darum,
miteinander zu experimentieren, sondern sich einen Schatz
aus gemeinsamen Erfahrungen zu schaffen. Er wird Ihnen in
Krisenzeiten Kraft und Sicherheit, vor allem auch Selbstver-
trauen und Entschiedenheit geben.

Ein Mann fühlt sich abgelehnt, wenn seine Frau nicht mit ihm schlafen will

In vielen Männern schlägt das Herz eines Abenteurers. Sie
sehnen sich danach, eine Frau zu gewinnen. In der Kennenlernphase spornt es sie manchmal sogar erst richtig an, wenn
die Frau anfangs eher ablehnend ist. Wenn sie direkt bereit
ist, mit ihm ins Bett zu gehen, kann der Reiz schnell in Ver-
achtung umschlagen.

In der Ehe hingegen empfinden viele Männer ihre Frauen
als ihren Besitz. Sie wollen nicht immer wieder neu um die
Gunst der Frau werben, sondern glauben, dass sie jetzt zu
ihnen gehört. Wenn sie die Ausübung der Sexualität immer
wieder neu erbitten müssen und die Sehnsucht des Mannes
und die Bereitschaft der Frau zu sehr auseinanderklaffen,
erleben sie das oft als Betteln. Sie wünschen sich regelmäßig
Geschlechtsverkehr und meinen auch, dass das normal sei

und sie gewissermaßen einen »Anspruch« darauf hätten. Wird dieser »Anspruch« von der Frau nur als Wunsch verstanden und wiederholt und anhaltend abgelehnt, dann betrachten Männer dies als Erniedrigung und Missachtung ihrer Persönlichkeit. Sie ziehen sich innerlich zurück und fliehen in Hobbys und Ersatzbefriedigungen, wie Computer, Internetpornografie und diverse übermäßige Aktivitäten in Vereinen, insbesondere wenn sie empfinden, dass Ihre Frau keinerlei Interesse am Ausüben der Sexualität hat. Die Beziehung kann dann oberflächlich weiter existieren, aber sie entspricht mehr einem Nebeneinander als einem Sich-gegenseitig-beschenken.

> Männer haben ein großes Verlangen, von ihrer Frau geehrt und geachtet zu werden.

In der sexuellen Vereinigung erleben Männer Liebe und Hingabe ihrer Frau oder Ablehnung.
Es wäre wichtig darüber zu reden, warum Sie als Frau nicht mit Ihrem Mann schlafen wollen oder können. Erklären Sie es Ihrem Partner, damit die Beziehung keine Risse bekommt.

* Haben Sie gerade Ihre Periode?
* Lähmt Sie die Angst vor einer möglichen Schwangerschaft?
* Kommen Sie mit der Verhütungsart nicht klar?
* Sind Sie einfach durch den Alltag mit Kindern und/oder Beruf ausgelaugt und zu müde?

Es ist leichter, Verständnis aufzubringen, wenn man in Probleme eingeweiht wird und für den anderen hilfreich, wenn Sie ihm zeigen, dass Sie auch darunter leiden, so wenig Lust zu haben. Versuchen Sie wahrhaftig zu sein!
Versetzen Sie sich in die Lage Ihres Ehepartners und bleiben Sie im Gespräch, bis Sie gemeinsame Lösungen gefunden haben.

Eine junge Frau sagte: »Seit der Geburt unseres Sohnes macht mir Sex keinen Spaß mehr. Ich habe meinem Mann schon vorgeschlagen, dass er sich ›das‹ woanders holen soll, wenn es nicht anders geht, auch in einem Bordell.«

Mir verschlug es fast die Sprache. Es wäre wichtig nachzufragen: »Warum macht es keinen Spaß? Was hat sich geändert?« Vielleicht müsste man auch einen Frauenarzt zurate ziehen und abklären, welche Hindernisse neu entstanden sind, ob nach der Geburt eine Verletzung schlecht geheilt ist, eine Depression aufgetreten ist oder die Einnahme von Verhütungsmitteln die Lust am Geschlechtsverkehr vermindert.

Wenn sonst keine Ursache gefunden wurde, sollten Sie sich gemeinsam eine Auszeit nehmen, eine Woche Urlaub, Strand und Sonne – nur Sie zwei. Großeltern oder Freunde nehmen die Kinder bestimmt mal. So könnte ein neues Fundament gelegt werden.

* Fühlt sich einer von Ihnen durch den anderen abgelehnt?

Eine Frau fühlt sich oft verletzt, wenn ihr Mann ohne erst zu reden mit ihr schlafen will

Der Mann, ein Schubladenschrank

Vielleicht hilft Ihnen folgender Vergleich, um besser zu verstehen, wie unterschiedlich Mann und Frau sind. Männer sind eher wie Schubladenschränke und Frauen wie Kleiderschränke. Ein Mann öffnet die Schublade Arbeit und schließt dabei die Schublade Familie. Er konzentriert sich ganz auf die anfallenden Aufgaben und vergisst darüber, dass seine Frau am Morgen einen Schwangerschaftstest kaufen und machen wollte. Somit kommt er auch nicht auf die Idee, sie von der Arbeit aus in der Pause anzurufen, um sich nach dem Ergebnis des Tests zu erkundigen. Erst wenn er abends müde nach

Hause kommt, wird die Schublade Arbeit wieder geschlossen und die Schublade Familie geöffnet. Wenn Frau Glück hat, fällt Mann sofort ein, dass er vielleicht auf dem besten Wege ist, Papa zu werden. Vielleicht hat er es aber auch so weit ausgeblendet, dass er keinen einzigen Gedanken mehr daran verschwendet.

Die Frau, ein Kleiderschrank

Wie anders ist doch eine Frau aufgebaut. Sie hat keine Schubladen. Sie öffnet den Kleiderschrank und ist über alles im Bilde. Selbst wenn sie zur Arbeit geht, weiß sie, dass ihr Sohn Max eine Mathematikarbeit in der dritten Stunde schreibt, die Tochter sich zum Mittagessen Pfannkuchen gewünscht hat und Oma am Wochenende 80 wird und sie noch ein Geschenk benötigen. Sie lebt ganzheitlich und hat Schwierigkeiten damit, Sorgen, Aufgaben und Vorfreuden auszuschalten.

> Männer sind eher wie Schubladenschränke und Frauen wie Kleiderschränke.

Was haben Schränke mit Sex zu tun?

Genauso ist das auch in der Sexualität. Männer können sich voll und ganz auf Sex konzentrieren: Schublade Sex auf, Schublade Streit zu. Sie denken dann nicht mehr an Problemlösungen, unerledigte Arbeiten und noch zu flickende Fahrradschläuche. Sie sind ganz dabei und können überhaupt nicht verstehen, warum ihre Frau so wenig bei der Sache ist und erst noch alle Probleme der Welt besprechen muss.

Was tun als Frau?

Frau muss lernen, abzuschalten und auch mal fünf gerade sein zu lassen. Entscheiden Sie sich bewusst, nicht an den nächsten Kindergeburtstag zu denken. Man kann es sich antrainieren, ohne sich zu verbiegen.

> Schreiben Sie Ihre Aufgaben in eine To-Do-Liste, damit Sie nichts vergessen, und dann genießen Sie die Zeit mit Ihrem Mann.

Was tun als Mann?

Mann muss lernen, seiner Frau ein Ohr zu leihen. Frauen verarbeiten im Darüber-Reden. Oft erzählen sie mehrmals den gleichen Sachverhalt immer ein bisschen anders, selbst wenn es keine neuen Erkenntnisse gibt. Auch wenn es Ihnen lästig ist, überwinden Sie sich. Sie werden das Herz Ihrer Frau gewinnen.

Auch wenn es Ihnen lästig ist, hören Sie Ihrer Frau zu, wenn es deren Bedürfnis ist, Erlebnisse mehrfach zu erzählen!

Sexualität muss nicht immer gleich sein. Mal kann es sein, sofort zusammenzukommen, ohne groß zu reden. Dann wieder sollte sie eingebettet sein in Gespräche, romantische Atmosphäre, Kerzenschein und leise Hintergrundmusik.

Männer benutzen Sexualität zum Stressabbau – Frauen wünschen sich Sexualität nach der Stressbewältigung

Viele Männer kommen erschöpft von der Arbeit nach Hause, und Frauen denken, dass sie dann abends gleich einschlafen wollen. Aber weit gefehlt. Für Sex scheinen sie immer noch Kraft zu haben. Während die Frau jetzt erzählen möchte, wie ihr Tag war, sehnt sich ihr Mann nur noch nach Abschalten und Intimität.

FRAU

Mann möchte nur noch entspannen, und das kann er am besten beim Sex.

Ein Vater schrieb seinem Sohn zur Hochzeit einen langen Brief. Darin war auch ein Abschnitt über die unterschiedliche Sexualität von Mann und Frau. Er gab dem Hochzeitspaar folgenden Rat: »Lernt die Unterschiedlichkeit Eurer Bedürfnisse zu integrieren. Dient einander.

Ich wünsche Dir, Schwiegertochter, dass Du mit meinem Sohn schläfst, wenn er Stress auf der Arbeit hat, er k. o. oder verzweifelt ist, es wird seiner Seele gut tun und er wird sich geborgen und geliebt fühlen. Du musst nicht erst jeden Streit, jede Meinungsverschiedenheit mit ihm ausdiskutieren, bevor Du mit ihm eins wirst. Es ist nichts Unehrliches oder Falsches dran, Deine Vorwürfe zur Seite zu stellen und erst mit ihm zu schlafen. Er wird Dich ehren und schätzen und Dir dafür danken. Es liegt ein Geheimnis darin und es wird euch Stärke geben. Entdeckt diesen Schatz!

Umgekehrt wünsche ich Dir, mein Sohn, dass Du Deine Sexualität im Griff hast, dass Du über sie herrschst und nicht sie über Dich. Die Sexualität ist ein Trieb, aber wir sind ihm nicht willenlos ausgeliefert. Wir können lernen, unsere sexuellen Wünsche

> Es ist nichts Unehrliches oder Falsches dran, mit dem Partner zu schlafen, obwohl nicht alle Dinge bereinigt sind.

zurückzustellen. Ich wünsche Dir Feingefühl, zu erfassen, wann sich Deine Frau bedrängt und wann sie sich umworben fühlt. Achte ihre Grenzen, bitte, habe Geduld, lass das Gespräch zwischen Euch nicht abreißen. Die Sexualität ist etwas Kostbares und leicht Verletzbares. Möget Ihr die Kraft, die darin liegt, entdecken. Sie wird Euch vor Ehebruch schützen und Eure Ehe stark machen.«

Männer werden visuell erregt, Frauen durch Berührung und Stimmung

Was würden Sie auf die Frage antworten: »Wie ist Sex am Schönsten? Im Dunkeln oder im Hellen?«

Licht an

»Licht an«, wünschen sich die meisten Männer. Sie werden durch das, was sie sehen, sehr stark erregt. Männer lieben es, ihre Frau anzuschauen, ihr zuzuschauen, wenn sie sich auszieht und wenn sie sich vor ihren Augen bewegt. Haben Sie erregende Negligés? Hat Ihnen Ihr Mann schon einmal gesagt: »Schatz, zieh doch bitte mal die durchsichtige Bluse ohne BH an.«? Oder: »Kaufe dir doch mal ein verführerisches Nachthemd!«? Vielleicht kam er auch auf die Idee, Sie mal vor dem Spiegel auszuziehen.

Persönlich glaube ich, dass viele Frauen nur deshalb Schwierigkeiten haben, im Hellen zu lieben, weil sie sich nicht angenommen haben. Sie mögen sich nicht, sind unzufrieden mit den Fettpölsterchen auf der Hüfte, den zu kleinen oder zu großen Brüsten oder den Speckröllchen am Bauch. Angezogen kann man einige Kilos verstecken. Nicht umsonst spricht man auch von der »nackten Wahrheit«. Was ist, wenn kein Mieder vortäuscht, dass man schlank ist, und die längs gestreiften Blusen auch keine Wirkung mehr zeigen, weil die Hüllen gefallen sind?

Kaum eine Frau würde ihren Mann bitten, mal auf der Waage ihre Kilos abzulesen. Wir Frauen erzählen oft gerne, wie viele Kilos wir abgenommen haben, verschweigen aber den JoJo-Effekt, wenn die Kilos wieder drauf sind. Deshalb unsere Bitte: »Stehen Sie zu Ihrem Äußeren, lachen Sie darüber, und vor allem: Fragen Sie Ihren Mann, wie er Sie sieht.« Es gibt viele Männer, die lieber eine Frau mit ein paar Rundungen haben als eine Frau, die superschlank ist. Vielleicht ist ja nur in Ihrem Kopf dieser Schlankheitswahn, Sie quälen sich umsonst und Ihr Mann denkt ganz anders darüber. Falls Sie wirklich zu dick sind und Sie vielleicht auch von Ärzten darum gebeten wurden, abzunehmen, dann ist vielleicht eine andere Strategie sinnvoll: eine Ernährungsumstellung, Sport oder Hilfe von einer Gruppe, die gemeinsam abnimmt. Wichtig wäre, dazu zu stehen und eine Entscheidung zu treffen.

> Nur wenn Sie sich selbst für schön halten, können Sie auch eine gute Geliebte sein.

Sagen Sie jeweils »Ja« zu Ihrem eigenen Aussehen, und nehmen Sie auch das Aussehen Ihres Partners an, dann werden Sie beide mehr Freude am Sexualleben haben.

Licht aus

Frauen lieben die Geborgenheit durch den Mann, die sich besonders in der körperlichen Berührung erleben lässt. Sie können es genießen, ihm so nahe zu sein, in seinem Arm zu liegen und gestreichelt zu werden. Während Licht und das Anschauen des anderen einen Abstand braucht, spricht die

Nähe auch ohne Licht eine Sprache des Miteinanderseins und Vertrautmachens.

Es ist wichtig, dass der Mann bereit ist, zuzulassen, dass diese Sehnsucht nach Nähe und gleichzeitig wie unentdeckt zu sein, gemeinsam im Dunkeln erlebt werden kann. Es ist eine andere gegenseitige Wahrnehmung, wenn alle Erregung durch Berührung und Gerüche geschieht. Entdecken Sie verschiedene Parfumsorten bei Ihrer Frau. Konzentrieren Sie sich auf die Berührung, entdecken Sie die Zonen, die Sie am meisten erregen, sprechen Sie miteinander darüber, während Sie sich streicheln. Seien Sie kreativ! Die meisten Frauen wollen berührt und gestreichelt werden, wenn nicht frühere Verletzungen zu Abwehrhaltungen geführt haben oder sie von Natur aus nicht so gerne Nähe haben.

Versuchen Sie, Abwechslung ins Liebesspiel zu bringen!

Reden Sie miteinander darüber, was Sie sich wünschen! Schon das allein kann sehr erregen und beiden mehr Freude an der gemeinsamen Sexualität geben.
Warum nicht abwechselnd? Mal im Hellen, mal bei Kerzenschein, mal im Dunkeln.

Seien Sie kreativ, mal im Bademantel, mal nur bekleidet mit einer durchsichtigen Bluse. In der Ehe ist es doch erlaubt, seinen Mann zu verführen. Er wird es gerne annehmen und sich beschenken lassen.

Für die Frau ist der Weg oft das Ziel, während der Mann das Ziel erreichen muss

»Ich muss nicht jedes Mal einen Höhepunkt erleben«, sagt Maike. »Für mich kommt es auf die ganze Zeit an, während mein Mann Uli immer den Abschluss braucht, sonst ist er unausgeglichen. Es hat lange gedauert, bis er mir glaubte, dass es für mich auch ohne Orgasmus schön war.«

Der Mann möchte auf jeden Fall einen Orgasmus erleben, die Frau nicht unbedingt. Für sie wäre es auch schön, aber es ist nicht das Wichtigste. Sie kann die ganze Zeit wie eine Reise genießen und in sich aufnehmen. Er dagegen muss den Berggipfel erklimmen, sonst empfindet er den Weg insgesamt als gescheitert.

Glauben Sie Ihrer Frau, wenn sie Ihnen erklärt, dass sie keinen Orgasmus haben muss, um erfüllte Sexualität zu erleben, und haben Sie kein schlechtes Gewissen!

Gegenseitige Wünsche ernst nehmen

Manchmal liegt es an scheinbar kleinen Dingen, dass die Sexualität eher als verletzend denn als bereichernd erlebt wird.

Vielleicht hat Sie Ihre Frau schon öfters gebeten, sich vor dem Geschlechtsverkehr noch einmal zu rasieren oder sich zu duschen, aber Sie sind einfach aus Bequemlichkeit nicht darauf eingegangen. Und nun wundern Sie sich, dass Ihre Frau Ihre Küsse abwehrt, weil Sie kratzen, oder nicht kuschelt, weil sie Ihren Schweiß nicht riechen mag. Tun Sie ihr den Gefallen. Machen Sie sich frisch!

Viele Wünsche werden nicht ausgesprochen. Andere werden gesagt, aber nicht ernst genommen. Sie werden gehört, aber nicht umgesetzt.

Umgekehrt haben Sie vielleicht als Mann Ihre Frau gebeten, ein spezielles Parfum zu nehmen oder sich anregend anzuziehen.

Alltagswünsche

Überlegen Sie doch mal kurz, was Ihnen spontan an Wünschen einfällt, die Ihre Frau in den letzten zwei Tagen allgemein geäußert hat.

- Lass deine Socken nicht liegen.
- Mach das Licht aus, wenn du nachts auf dem WC warst.
- Repariere bitte den tropfenden Wasserhahn.

- Bringe mir doch mal ein paar Blumen mit.
- Sag mir, dass du mich noch liebst.

Und was könnte sich der Mann von der Frau gewünscht haben?

- Drücke die Zahnpastatube nicht in der Mitte aus.
- Lege die Toilettenpapierrolle richtig herum ein.
- Koch mal wieder mein Lieblingsgericht.
- Geh mal mit mir Badminton spielen.

Schlafzimmerwünsche
Auch im Schlafzimmer werden Wünsche geäußert.

- Gemeinsam duschen.
- Eine Lieblings-CD abspielen.
- Sich gegenseitig massieren.

Viele Frauen frieren leicht, wenn sie unbekleidet in kalten Räumen sind. Manche bekommen dann auch schnell eine Blasenentzündung. In einem warmen Raum kann sich Ihre Frau besser entspannen.

Belächeln Sie die gegenseitigen Wünsche nicht, sondern versuchen Sie, aufeinander einzugehen. Tauschen Sie sich darüber aus! Das Ernstnehmen der Wünsche vermittelt oft viel stärker gegenseitige Achtung als gesprochene Worte.

Sorgen Sie für einen kuschelig warmen Ort, wenn Sie miteinander schlafen wollen.

* Kennen Sie die Wünsche Ihres Partners?

3. Kapitel
Kinderdecken?

In früheren Generationen war die Sexualität untrennbar an Fortpflanzung gekoppelt, da Empfängnisverhütung sehr unsicher und eine Abtreibung der eingetretenen Schwangerschaft mit höheren Risiken verbunden und auch schon innerhalb der ersten zwölf Schwangerschaftswochen strafbar war.

Mit der Entwicklung der Antibabypille, die erstmals 1960 in Deutschland auf den Markt kam, begann eine Revolution im Umgang mit der Sexualität. Erstmals war es möglich, Sexualität auszuüben und gleichzeitig das Eintreten einer Schwangerschaft mit sehr hoher Sicherheit zu verhindern. Das hatte viele Folgen:

- Die bei der Sexualität oft mitschwingende Angst vor einer Schwangerschaft entfiel in vielen Beziehungen. Somit konnte Sexualität mehr genossen werden.
- Ehe als Ausgangsbasis der Entstehung und Erziehung von Kindern verlor gegenüber anderen Formen des Zusammenlebens deutlich an Gewicht.
- Die Verantwortung für die Empfängnisverhütung verlagerte sich in vielen Fällen vom Mann oder der gemeinsam getragenen auf die Frau.
- Seitensprünge, Dreiecksbeziehungen und die Bereitschaft dazu wurden öfter ausgelebt.
- Teenagerschwangerschaften (ca. 20000 pro Jahr, wobei die Teenager immer jünger werden), Abtreibungen, zunehmende Bindungslosigkeit durch wechselnde Partner und Geschlechtskrankheiten nahmen zu.
- Familie wurde in ihrer Größe planbarer und die Überforderung durch eine zu große Kinderzahl deutlich seltener.

Auch auf die Familienstruktur hatte diese Entwicklung große Auswirkungen.

Von der Vielkinder-Ehe zur Einkind-Ehe

Noch vor zwei bis drei Generationen waren Familien mit drei oder mehr Kindern die Norm. Mittlerweile besteht unsere Gesellschaft aus Ein- bis Zweikind-Familien. Diese Entwicklung hat auf die heranwachsende Generation wesentlich stärkere Auswirkungen, als wir oft wahrnehmen.

Große Familie

Kinder verändern das Eheleben völlig. Besonders groß sind die Auswirkungen beim ersten Kind. Aber auch mit jedem weiteren Kind wird das Gefüge neu strukturiert. Je mehr Kinder, umso vielfältiger sind die Interaktionen der einzelnen Familienmitglieder. Die älteren versorgen oft schon die jüngeren Kinder, die jüngeren lernen von den älteren. Kinder müssen ganz natürlich lernen zu teilen, sich mit anderen zu freuen und zu trauern. Zwischen den Geschwistern entstehen viele eigenständige, von den Eltern kaum kontrollierbare Beziehungen, die jedes Familienmitglied in der Regel bereichern.

Kleine Familie

Kinder haben oft ältere Eltern, da diese häufig erst nach abgeschlossener Berufsausbildung Kinder bekommen. Sowohl Kinder als auch Eltern sind stärker aufeinander fixiert. Ein bis zwei Kinder pro Familie lernen soziale Kontakte zu Gleichaltrigen überwiegend in Kindergarten und Schule und nicht als Geschwister untereinander. Durch die oft doppelte Berufstätigkeit der Eltern werden die Kinder zwar in Teilbereichen früher selbstständig, aber aufgrund der geringeren Kommunikationsmöglichkeiten innerhalb der Familie übernehmen die Medien oft die Rolle des Vorlesers, des Spielepartners und des Gegenübers.

Aktuelle Situation

Widersprüchliche Meldungen erreichen uns zurzeit. Zum einen lesen wir vom Zeugungsstreik[15] der Männer. Viele Männer können sich ein glückliches Leben auch ohne Kinder vorstellen, und wenn man Frauen fragt, warum sie kinderlos seien, geben sie als Hauptgrund an, keinen geeigneten Partner gefunden zu haben.

Jens Voss[16] schreibt in dem Artikel »Der Traum von Kindern«: »Das Stichwort Kinder taucht öffentlich oft als Problemanzeige auf«, als Erziehungsproblem, als Bildungsproblem, als Finanzproblem, als Karriereproblem. Richtig daran sei, dass die Lasten wahrgenommen werden, die Familien stemmen müssten, und dass man um neue Konzepte der Unterstützung ringen würde.

Zum anderen gibt es 2007 mit ca. 690 000 Kindern erstmals wieder eine leicht steigende Geburtenrate bei gleichzeitig abnehmender Zahl von Frauen im gebärfähigen Alter. Drei Gründe werden in dem Artikel[17] genannt: Das neue am 1.1.2007 eingeführte Elterngeld, eine verbesserte wirtschaftliche Lage und eine neue Einstellung zur Familie. Männer würden Kinder nicht mehr als Karrierekiller sehen, sondern auch bereit sein, für eine gewisse Zeit zu Hause zu bleiben. Immer mehr Väter hätten Elterngeld[18] beantragt, was bundesweit im vierten Quartal 2007 12,4 Prozent der insgesamt 184 500 Anträge ausmachte.

Die Ungewissheit und Unsicherheit früherer Zeiten hat sich in große Plan- und Berechenbarkeit verwandelt. Der einzige Unsicherheitsfaktor ist, ob eine Schwangerschaft auch wirklich eintritt, da die Anzahl unfruchtbarer Paare gleichzeitig zugenommen hat.

* Wollen wir grundsätzlich Kinder, und wie viele?
* Wer wäre bereit, für Kinder vorübergehend auf seinen Beruf zu verzichten?

* Wie viel Mut haben wir, nicht alles zu planen?

Viele Aspekte verändern sich, wenn man eine positive Einstellung zu Kindern bekommt.

Weiter schreibt Jens Voss in dem oben erwähnten Artikel: »Mehr Kinder heißt mehr Mut, mehr Wärme, mehr von dem, was ergreifend elementar Liebe bedeutet, vielleicht mehr von der Fähigkeit, zwischen wichtig und weniger wichtig zu unterscheiden, kurz: es geht um tiefe Lust am Leben.«

Viele Ehepaare bewundern Großfamilien, haben aber aus Angst vor Überforderung, beruflichen Nachteilen, finanzieller Einschränkung und fehlender Zeit für Hobbys selbst nicht den Mut zu mehr als zwei Kindern.

Persönlich haben wir erlebt, dass es ein großes Geschenk ist, wenn viele Kinder mit ihren unterschiedlichen Charakteren, Gaben und Fähigkeiten in einer Familie zusammenleben. Kinder sind nicht nur anstrengend, sondern sie lehren uns, zu begreifen, wie sich Menschwerdung von Generation zu Generation entwickelt.

Der Volksmund sagt: »Beim ersten Kind bittet man die Mutter um Hilfe, beim zweiten Kind macht man alles selbst und beim dritten Kind hilft man seiner Nachbarin.« Das drückt aus, dass man an seinen Aufgaben und Anforderungen wächst.

Unterschiedliche Wünsche bei der Familienplanung

Alle Faktoren werden Einfluss auf die Art und Auswahl der Familienplanung haben. Wichtig ist, eine zu zweit getragene Entscheidung zu finden. Dazu braucht man Zeit, es ist wie eine gemeinsam zu gehende Wegstrecke. Unterschiedliche

Standpunkte der Ehepartner können sich im Laufe der Auseinandersetzung ändern.

Vertrauen und Ehrlichkeit sind in einer Partnerschaft sehr wichtig, auch und besonders im Bereich der Empfängnisregelung. Immer wieder fühlen sich Männer auf diesem Gebiet reingelegt.

Jens weiß nicht wohin mit seiner Wut und Enttäuschung. Er hatte mit seiner Frau ausgemacht, dass die Familienplanung nach zwei Kindern abgeschlossen sei. Nun hatte sie ihm vor vier Monaten mit Tränen in den Augen gesagt, dass sie auch nicht wüsste, wie es gekommen sei, aber sie sei wieder schwanger geworden. Nachdem er ein paar Mal geschluckt hätte, wäre er am nächsten Tag auf dem Nachhauseweg noch in einem Blumenladen vorbeigefahren und hätte ein paar rote Rosen gekauft. Sie hatte sich immer noch ein drittes Kind gewünscht, aber er wollte aus finanziellen Gründen lieber nach zwei Kindern Schluss machen. »Na ja, wo zwei satt werden, wird auch ein drittes satt«, habe er sich getröstet. Doch nun war er überraschend früher nach Hause gekommen und da lag das Tagebuch seiner Frau offen auf dem Schreibtisch. Eigentlich sei es nicht seine Art, aber wie elektrisiert habe er die Zeilen gelesen. Da stand doch wirklich schwarz auf weiß: »Mein Plan ist aufgegangen. Ich habe einfach zweimal die Antibabypille ›vergessen‹ und bin schwanger geworden. Ich bin überglücklich. Endlich kommt Kind Nr. 3, auf das ich schon so lange gewartet habe.«

Wie furchtbar, wenn man so hintergangen wird. Wie soll Jens diese Verletzung überwinden? Wird sie immer zwischen ihm und seiner Frau oder später zwischen ihm und seinem Kind stehen? Wird er es schaffen, bei ihr zu bleiben? Kann er ihr vergeben? Wie lernt er neu Vertrauen, und wie kann sie neu vertrauenswürdig werden?

Unterschiedliche Beurteilung der Verhütungsmittel

So wie Ehepartner unterschiedliche Vorstellungen über die Kinderzahl haben können, gibt es auch verschiedene Beurteilungen der Verhütungsmittel. Beide müssen eins darüber werden, wie sie mit dem Thema Verhütung umgehen wollen.

Die Angst vor einer möglichen Schwangerschaft kann massive Auswirkungen auf die Freude am Geschlechtsverkehr haben. Bei aller Vorsorge, nicht schwanger zu werden, sollten Sie auch darüber reden, wie sich beide fühlen, wenn eine ungewollte Schwangerschaft eintritt. Können Sie beide dazu stehen?

* Wie würden Sie mit einer »ungewollten« Schwangerschaft umgehen?

Es gibt befristet wirksame und endgültige Verhütungsmittel, örtlich wirksame und systemische Methoden. Sie alle haben unterschiedliche Vor- und Nachteile. Die Medizin hat sehr sichere Verhütungsmethoden entwickelt, aber es gibt kein hundertprozentiges Verhütungsmittel.

Im Folgenden werden wir über die Sicherheit von Verhütungsmitteln allgemein etwas sagen und einzelne Verhütungsmethoden wie natürliche Empfängnisregelung, Kondom, Antibabypille und Sterilisation aufführen.

Was ist der Pearl-Index?

Wie sicher ein Verhütungsmittel ist, wird im sogenannten Pearl-Index beschrieben. Raymond Pearl (1879–1940) war ein amerikanischer Zoologe, der biologische Probleme standardisierte.

Um das herauszufinden, bittet man 100 Frauen im gebärfähigen Alter und ihre Partner ein Jahr lang eine bestimmte, und zwar nur diese Verhütungsmethode anzuwenden. Nach

Ablauf des Jahres untersucht man, wie viele von diesen 100 Frauen trotzdem schwanger geworden sind. Sind zwei Schwangerschaften eingetreten, dann beträgt der Pearl-Index, auch Versagerquote genannt, für diese Verhütungsmethode zwei.

Die Zahlen weichen in den Literaturquellen häufig voneinander ab. So geben Hersteller oft nur die theoretische Sicherheit der Methode an, während andere Tabellen auch Fehler berücksichtigen, die bei der Anwendung passieren können, z. B. Kondom geplatzt, Pflaster falsch geklebt, Pille vergessen.

Je weniger Erfahrung man mit einem Verhütungsmittel hat, desto häufiger treten Anwendungsfehler auf. Je korrekter man ein Verhütungsmittel anwendet, umso besser schützt es. Jeder Mensch ist außerdem ein Individuum und kann auf die Methoden unterschiedlich ansprechen.

Verhütungsmethoden im Vergleich

Die Verhütungsmethoden sind in der Tabelle[19] ausschließlich nach der Sicherheit, eine Schwangerschaft zu verhüten, geordnet.

Die Verhütung liegt in der heutigen Zeit meistens in der Verantwortung der Frau, wodurch der Mann oft verunsichert ist. Er verlässt sich auf seine Partnerin bei der Einnahme der Antibabypille oder muss ihr glauben, wenn sie sagt, dass nun die unfruchtbaren Tage angefangen haben.

Deswegen begegnet man auch Männern, die diese Verantwortung nicht aus der Hand geben wollen und lieber mit Kondom verhüten oder sich sogar sterilisieren lassen.

Verhütungsmethode	Pearl-Index
Sterilisation der Frau	**0,1**
Kupferkette	0,1–0,3 (in Deutschland nicht zugelassen)
Pille (Mikropille)	**0,1–0,9**
Verhütungsstäbchen	0–0,08* (nach Literaturangaben geändert)
Neue Minipille mit Desogestrel	0,14–0,4
Hormonspirale	0,16
Sterilisation des Mannes	0,1 (nach Literaturangaben geändert)
Symptothermale Methode (Rötzer-Methode)	**0,3**
Dreimonatsspritze	0,3–1,4
Vaginalring	0,4–0,65
Minipille mit Levonorgestrel	0,5–3
Verhütungspflaster	0,72–0,9
Basaltemperaturmethode	0,8–3
Spirale	0,9–3
Pessar	1–20
Mikrocomputer: Temperaturmessung	2
Lea Contraceptivum	2–3 (in Deutschland nicht üblich)
Kondom	**2–12**
Chemische Verhütungsmittel	3–21
Coitus Interruptus	4–18
Mikrocomputer: Hormonmessung	5
Zervixschleim-Methode (Billings-Ovulationsmethode)	5
Verhütungsschwamm	5–10
Kondom für die Frau	5–25
Portiokappe	6
Vaginalfilm	6
Kalendermethode	9
Notfallverhütung – Pille danach	16 (bei Einnahme innerhalb 72 h)
Keine Verhütung	**85**

* Obwohl kein direkter Vergleich angestellt wurde, scheint die Wirksamkeit mindestens mit der oraler Verhütungsmittel vergleichbar zu sein.

Natürliche Empfängnisregelung

Der Gynäkologe Prof. Rötzer hat vor 40 Jahren die natürliche Empfängnisregelung entwickelt und beschreibt in seinem Buch »Der persönliche Zyklus der Frau«[20], dass 99,5 Prozent der Frauen in der Lage seien, mithilfe der Wahrnehmung der Zeichen ihres Körpers die verschiedenen Phasen ihres Zyklus mit all ihren Einzelheiten festzustellen. Die sogenannte sympto-thermale Methode (sympto von griechisch: *symptoma* bedeutet Begleiterscheinung, thermal steht für die Temperaturmessung) ermutigt die Frauen, mithilfe der Temperaturkurve, bei der jeden Morgen zur selben Zeit die Körpertemperatur gemessen wird, und der Selbstbeobachtung des Zervixschleims (Zervix heißt Gebärmutterhals) die fruchtbaren von den unfruchtbaren Tagen zu unterscheiden. Alle erhobenen Daten werden aufgezeichnet und man lernt ihre Bedeutung sehr schnell kennen.

Die Vorteile dieser Methode liegen auf der Hand, da man keine Medikamente einnehmen und somit auch keine Nebenwirkungen befürchten muss. Mit einem Pearl-Index von 0,3 ist die natürliche Empfängnisregelung ein sehr sicheres Verhütungsmittel.

Die Anwendung dieser Methode ist nur schwierig bei Frauen mit einem unregelmäßigen Lebensrhythmus, da man stets zur selben Zeit Temperatur messen sollte. Wenn Sie im Schichtdienst arbeiten oder oft auf Dienstreisen sind, dann ist das Aufzeichnen der benötigten Daten schwierig.

Manche Frauen können sogar spüren, wann der Eisprung stattfindet, andere haben das noch nicht erlebt. Genauso gibt es Frauen, die alle 28 Tage ihre Periode bekommen. Man könnte die Uhr danach stellen, während andere große Zyklusschwankungen von 22 bis 40 Tagen haben. Ich kenne eine Frau, die einmal am 8., einmal am 14. und einmal am 22. Zyklustag schwanger wurde. Für solche Frauen ist es schwieriger, sich auf die natürliche Empfängnisregelung zu verlassen.

Diese Methode eignet sich nicht nur, wenn man augenblicklich keine Kinder möchte, sondern auch dann, wenn man sich Kinder wünscht.

Viele Paare berichten, dass sie diese intensive Beschäftigung mit dem Zyklus der Frau sehr zusammengeschweißt hat. Auch hätte dieses Sichbewusstmachen von Fruchtbarkeit und Unfruchtbarkeit ihre Freude an der Sexualität eher wachsen lassen.

Es gibt aber auch Frauen wie Anja, die sagen: »Gerade dann, wenn ich am meisten Freude an der Intimität hätte, können wir nicht miteinander schlafen, da ich dann fruchtbar bin.«

Doch dann wäre ja vielleicht die Kombination mit Kondomen die Lösung.

* Könnten Sie sich vorstellen, diese Methode zu erlernen und auszuprobieren?

Kondom

Peter nimmt am liebsten ein Kondom. Er möchte die Verantwortung für die Verhütung nicht aus den Händen geben. Außerdem hat das Kondom keine Nebenwirkungen, und so denkt er, dass das die ideale Methode sei. Doch Claudia findet es sehr unromantisch, wenn sie das Liebesspiel unterbrechen müssen, damit Peter das Kondom überziehen kann, und sie erlebt regelmäßig, dass ihre Lust von 100 auf Null herabfällt.

Sachlich kann man wahrscheinlich für die beiden keine Lösung finden, da Peters gute Argumente Claudias Gefühlswelt nicht erreichen. Vielleicht wäre es ein Ansatz, vorausgesetzt Claudia ist eigentlich auch der Meinung, dass ein Kondom eine gute Methode ist, dass Claudia das Kondom bei Peter überzieht.

Oft verhalten sich Ehepaare, als ob sie bildlich gesehen jeder auf einer Seite einer Wippe sitzen. Manchmal hilft es deshalb, wenn einer von beiden von der Wippe springt.

Wenn Peter vorschlagen würde: »Gut, ich bin einverstanden, dass du die Antibabypille für die nächsten sechs Monate nimmst, und ich überlasse dir die Verantwortung für unsere Verhütung. Ich bin bereit, aufs Kondom zu verzichten.« Auf einmal wird Claudia deutlich, dass andere Methoden auch ihre Nachteile haben, die zwar nicht den Liebesakt stören, aber andere Auswirkungen haben können, und sie sagt nach dem halben Jahr vielleicht: »Peter, es tut mir leid, dass ich immer so einen Stress wegen des Kondoms gemacht habe. Es ist zurzeit wohl doch die beste Lösung.«

Antibabypille

Lea schlägt vor, dass sie die Antibabypille nimmt. Sie ist noch in der Ausbildung und will auf gar keinen Fall schwanger werden. Tobias hat schon ausgelernt und will seiner Lea die möglichen Nebenwirkungen einer Medikamenteneinnahme nicht zumuten. Er hat gelesen, dass man durch die Antibabypille Thrombosen bekommen könnte. Auch eine Mitverursachung von Krebs könne man nicht ganz ausschließen. So ist er unsicher und bittet Lea, doch lieber mit ihm zusammen die natürliche Empfängnisregelung zu erlernen. Er sei auch damit einverstanden, dass sie nicht immer miteinander schlafen könnten, wenn die fruchtbare Zeit sei. Lea wollte sich nicht darauf einlassen und ließ sich die erste Antibabypille verschreiben. Tobias war enttäuscht und spürte eine innere Blockade, sich erregen zu lassen. Lea wurde auch nicht ganz glücklich mit der Entscheidung. Sie bekam Zwischenblutungen, die gar nicht aufhören wollten. So versuchte sie ein anderes Präparat. Darunter bekam sie depressive Verstimmungen. Schließlich bat sie Tobias um eine Kombination. Sie war bereit, die natürliche Empfängnisregelung zu erlernen und wollte zusätzlich noch lokale Verhütungsmittel anwenden.

Kennen Sie den Wirkungsmechanismus der Antibabypille und die zurzeit diskutierten Nebenwirkungen? Mann und Frau müssen sich beide für die Verhütungsmethoden interessieren, denn es geht beide an und beide sind dafür verantwortlich, auch wenn nur die Frau die Antibabypille nimmt. Vor Einnahme der Antibabypille sollte man den Beipackzettel genau durchlesen, damit man hinterher nicht sagen muss: »Warum hat mich niemand informiert?«

Die Antibabypille greift in den Hormonstoffwechsel der Frau ein, indem die beiden synthetisch hergestellten Wirkstoffe der Pille, nämlich das Östrogen und das Progesteron, die Ausschüttung der Hormone im Gehirn bremsen, die für den Eisprung verantwortlich sind.[21]

Die »Pille« wird verdächtigt, bei vielen »Zivilisationskrankheiten« eine auslösende Rolle zu spielen. Besonders bei Depressionen, Thrombosen, Herzinfarkten, Brustkrebs und Pilzerkrankungen der Scheide beobachtet man einen Zusammenhang mit der Einnahme dieses Verhütungsmittels. Zum jetzigen Zeitpunkt gibt es aber keine Studie, die einen eindeutigen Zusammenhang beweist.

Die Wirkung der Antibabypille kann beeinträchtigt werden
➢ **Unregelmäßige Einnahme**
Trotz Einnahme der Antibabypille kann es zu Schwangerschaften kommen. Vielen ist zu wenig bekannt, dass die Einnahme regelmäßig geschehen muss. Man kann die Pille nicht an einem Tag vergessen und dafür am nächsten Tag zwei nehmen.
➢ **Erkrankungen**
Hinzu kommt, dass die Aufnahme der Wirkstoffe durch Erbrechen, Durchfall oder andere Erkrankungen fehlerhaft sein

> Mann und Frau müssen sich beide für die Verhütungsmethoden interessieren, denn beide sind dafür verantwortlich.

kann und man dann nur einen ungenügenden Schutz vor einer Schwangerschaft hat.

➤ **Wechselwirkung mit Medikamenten**
Auch die Wechselwirkung mit Medikamenten wird oft unterschätzt. Deshalb ist es sehr wichtig, die Beipackzettel genau zu lesen, um zu erfahren, ob ein zusätzlich eingenommenes Medikament vielleicht die Wirkung des Verhütungsmittels teilweise oder sogar vollständig aufhebt.

Sterilisation

Die Sterilisation zählt man zu den endgültigen Verhütungsmethoden, da sie im Allgemeinen nur sehr schwer und aufwendig rückgängig gemacht werden kann. Man empfiehlt Paaren oft, dass sich doch der Mann sterilisieren lassen solle, da es bei ihm einfacher wäre. Eine Sterilisation muss sehr genau überlegt werden. Manche Menschen haben nach einer Sterilisation das Gefühl, keine ganze Frau oder kein richtiger Mann mehr zu sein. Kennen Sie Männer und Frauen, die sich so einem Eingriff unterzogen haben? In welchem Alter wurde der Eingriff vorgenommen? Welche Erfahrungen haben diese Menschen gemacht? Im Freundes- und Bekanntenkreis wird das Thema nur selten besprochen. Es ist mehr oder weniger tabu. Erst wenn man selbst darüber redet, erfährt man, das andere Paare nach abgeschlossener Familienplanung auch zu dieser Methode gegriffen haben.

Mira ist 22 Jahre und Klaus 33 Jahre alt. Sie sind gerade Eltern von einem kleinen Jungen geworden und wollen sich von mir beraten lassen. Klaus eröffnet das Gespräch: »Frau Doktor, ich möchte mich sterilisieren lassen. Wir haben einen gesunden Jungen und fürchten das Risiko, dass wir bei einer erneuten Schwangerschaft ein behindertes Kind bekommen können.« Ich versuche, mir meine Überraschung nicht anmerken zu lassen, und frage zurück: »Was macht Sie so sicher, dass Ihr kleiner Junge immer gesund bleiben wird? Wenn er mit sechs Jahren vor ein Auto läuft, oder mit elf Jah-

ren eine Gehirnhautentzündung bekommt, dann ist er zwar gesund geboren, aber nicht gesund geblieben. Sie sind beide noch so jung. Ich würde Ihnen von dem Schritt abraten.«

Was würden Mira und Klaus sagen, wenn ihr kleiner Junge bei einem Autounfall nicht nur verletzt wird, sondern sogar stirbt? Darf man als Arzt so weit in der Aufklärung gehen? Oder interpretieren die Ehepaare das vielleicht als Panikmache?

Wir kennen Ehepaare, die Kinder durch Unfall oder Krankheit verloren haben und dann froh waren, dass sie die Sterilisation nicht haben machen lassen. So konnten sie noch einmal das Glück der Elternschaft erleben (auch wenn dies den Verlust des Kindes nicht ersetzen kann). Auch wenn es hart ist, darüber nachzudenken, sollte man auch das bedenken:

* Was ist, wenn der nicht sterilisierte Ehepartner sterben würde? Wären Sie dann immer noch für die Sterilisation dankbar?
* »Was wäre, wenn unser Kind oder eins unserer Kinder sterben würde? Wären wir dann immer noch glücklich mit der Sterilisation?«

Sterilisation des Mannes

Bei der Sterilisation[22] des Mannes (Vasektomie) werden ca. drei Zentimeter lange Stücke der Samenleiter auf beiden Seiten in örtlicher Betäubung ambulant entfernt. Es kommt zu einer endgültigen Unfruchtbarkeit. Direkt nach dem Eingriff können noch mehrere Monate lang befruchtungsfähige Spermien in der Samenflüssigkeit vorhanden sein. Deshalb ist noch eine zusätzliche Verhütung erforderlich. Erst wenn bei Kontrolluntersuchungen keine befruchtungsfähigen Spermien mehr nachgewiesen werden, kann von einer zusätzlichen Verhütung abgesehen werden. Die Vasektomie ist eine der sichersten Verhütungsmethoden. Auch nach der Sterilisation werden weiter männliche Samenzellen im Keimgewebe des Hodens gebildet. Da die Samenfäden nicht mehr nach außen gelangen können, werden sie vom Körper abgebaut. Der Hormonhaushalt des Mannes wird durch den Eingriff nicht gestört. Die Vasektomie hat keine Auswirkungen auf die Versteifung des männlichen Gliedes und auf den Samenerguss. Die Samenflüssigkeit ohne Samenfäden (Spermien) unterscheidet sich weder im Aussehen noch in der Menge von der Samenflüssigkeit mit Spermien. Bei vielen Männern kommt es nach der Sterilisation zu erhöhter sexueller Lust, weil der Gedanke an eine ungewollte Schwangerschaft nicht mehr im Vordergrund steht. Bei einigen Patienten ist nach dem Eingriff jedoch das seelische Gleichgewicht gestört und sie fühlen sich nicht mehr vollwertig. Deshalb ist eine ausführliche Aufklärung durch Urologen sehr wertvoll.

Der Entschluss zur Vasektomie sollte nur dann getroffen werden, wenn neben der abgeschlossenen Familienplanung alle möglichen Änderungen der persönlichen Verhältnisse wie Scheidung, Todesfall, Wiederverheiratung, späterer möglicher Kinderwunsch bei den Überlegungen Berücksichtigung gefunden haben. Neben der abgeschlossenen Familienplanung können Erbkrankheiten, die gesundheitliche Gefährdung der Mutter bei einer erneuten Schwangerschaft oder eine untragbare wirtschaftliche Belastung durch die Geburt eines weiteren Kindes eine Rolle spielen.

Daniel und Clara haben drei Kinder und überlegen, ob sich Daniel sterilisieren lassen soll. Nach vielen Gesprächen miteinander, mit dem Frauenarzt und dem Urologen kommen sie überein, einen Termin zur ambulanten Operation zu machen. Kurz vor dem abgesprochenen Tag werden sie angerufen, dass der Eingriff verschoben werden müsse, da der Arzt auf eine Fortbildungsveranstaltung müsse. So legen sie einen anderen Tag fest. Doch merkwürdigerweise muss diesmal Daniel absagen, da seine Mutter mit Herzinfarkt ins Krankenhaus eingeliefert wird. So fährt er Hals über Kopf in seinen

Heimatort, wo sein Bruder Martin auch schon am Krankenbett sitzt. Abends unterhalten sie sich noch und er erzählt Martin von seiner geplanten Sterilisation. »Das passt irgendwie nicht zu dir«, sagt Martin. »Bist du dir ganz sicher?« Wieder zu Hause erzählt Daniel Clara von Martins Aussage. Clara sagt: »Ich bin auch wieder unsicher geworden und möchte eigentlich keinen sterilisierten Mann. Immer wieder muss ich auch daran denken, dass du ja wieder heiraten könntest, wenn ich früh sterben würde, und dann deine zweite Frau keine Kinder von dir bekommen könnte. Das wäre doch sehr traurig.«

Auf keinen Fall sollte man eine Sterilisation überstürzen. Das muss gut durchdacht sein, weil es zu einem hohen Prozentsatz eine endgültige Verhütungsmethode ist.

Sterilisation bei der Frau

Eine Sterilisation bietet sich nach Rat der Frauenärzte[23] nur an, wenn die Familienplanung definitiv abgeschlossen ist und ein bestimmtes Alter bzw. bestimmte Lebensziele erreicht sind. Unter 30 Jahren sollte sie nur durchgeführt werden, wenn medizinische Gründe vorliegen. Viele Frauen ändern ihre Einstellung zum Kinderwunsch noch zu einem späteren Zeitpunkt. Es gilt immer zu bedenken, dass sich im Leben in kürzester Zeit viel verändern kann, z. B. ein neuer Partner oder Scheidung, sodass vielleicht ein erneuter Kinderwunsch auftritt. Eine Sterilisation ist dann aber nur sehr schwer oder gar nicht mehr rückgängig zu machen.

Die Sterilisation wird bei der Frau meistens in Vollnarkose durchgeführt und dauert etwa eine Stunde. Über eine Bauchspiegelung werden die Eileiter entweder mit Hitze verschweißt oder mit einem Clip abgeklemmt. So wird der Weg der Eizelle durch den Eileiter zur Gebärmutter blockiert, und auch Samenzellen erreichen ihr Ziel nicht mehr. Der Eisprung findet weiterhin statt, das Ei gelangt dann in die Bauchhöhle und wird dort vom Körper problemlos abgebaut.

Bewertung und Entscheidung

Bei manchen Paaren beeinträchtigt nicht die Angst vor einer Schwangerschaft den Beischlaf, sondern einer von beiden kommt mit der Verhütungsmethode nicht klar.

Nehmen Sie die Bedenken Ihres Partners ernst. Manchmal lehnt man aus Liebe zum anderen eine Methode ab, die diesem Menschen schaden könnte, auch

> Jeder fühlt sich geliebt und geachtet, wenn er ernst genommen wird.

wenn die Wahrscheinlichkeit des Eintretens von Nebenwirkungen sehr gering ist.

Manchmal muss man abwägen. Welche Ängste, Bedenken und Gefahren wiegen schwerer? Oft ist es wichtig, solche Entscheidungen reifen zu lassen und gemeinsam daran zu wachsen.

Wenn wir uneins waren, machten wir erst mal eine Liste mit Pro- und Kontra-Argumenten und versuchten, das Problem sachlich zu lösen. Wenn auch dann keine Einigung möglich war, half uns zusätzlich eine subjektive Bewertungsliste. Jeder fragte sich: Wie viel bedeutet mir diese Lösung auf einer Skala von eins bis zehn? Wie würde ich meine Bedenken etc. auf dieser Skala bewerten? Wir nahmen die Aussagen des Partners ernst, auch wenn wir sie vielleicht nicht nachvollziehen konnten, und versuchten, sie erst einmal anzunehmen und damit gemeinsam umzugehen.

Überlassen Sie als Mann nicht die Entscheidung Ihrer Frau, sondern übernehmen Sie Mitverantwortung für Ihre Sexualität und die Frage der Verhütung. In der Sexualität gibt es unterschiedliche Gesichtspunkte, manchmal auch irrationale Ängste oder Vorstellungen. Es ist wichtig, sich dem gemeinsam zu stellen.

4. Kapitel

Zusatzdecken

Das Geheimnis erfüllter Sexualität ist, dass sie in eine Liebesbeziehung eingebettet sein muss. Es ist wichtig, dass wir uns gegenseitig als gute Freunde empfinden, uns immer wieder neu ineinander verlieben und auch spüren, dass wir schwach und krank sein dürfen, ohne verlassen zu werden. Vergebung ist ein zentraler Bereich, der gelebt werden möchte, wenn Beziehung gelingen soll.

Freundschaftsdecke

Sind Sie der beste Freund Ihrer Frau? Wollen Sie das Beste für den Partner an Ihrer Seite? Es gibt nichts Kostbareres, als wenn Eheleute sagen können, dass sie gleichzeitig auch beste Freunde sind und fast alles miteinander austauschen wollen und können. Man muss nicht gleich empfinden, aber eine Wellenlänge finden, sich auch in der Verschiedenheit verstehen. Im Laufe der Zeit lernt man die Andersartigkeit sogar zu schätzen. Oft ziehen sich die Unterschiede an. Der Ruhige sucht sich eine quirlige Partnerin, und der »Hans Dampf in allen Gassen« findet in ihr einen ruhigen Pol. Entwickeln Sie Freundschaft. Freundschaft muss gepflegt, erhalten und weiterentwickelt werden. Planen Sie Zeit dafür ein!

Freundschaft braucht Zeit, gemeinsam verbrachte Zeit.

Verstehen und Verstandenwerden
Stellen Sie Fragen, auf die man nicht nur mit Ja und Nein antworten kann. Sonst ist das Gespräch bald zu Ende. »Was beschäftigt dich gerade auf der Arbeit?«, kann nicht mit

einem kurzen »Gut« abgehandelt werden wie die Frage: »Wie war's heute?«. Das Gegenüber merkt, ob Sie wirklich an ihm und der Arbeit interessiert sind oder ob Sie eine schnelle Antwort suchen. Ist die Frage »Wie geht es dir?« ehrlich gemeint? Kennen Sie die Namen der Arbeitskollegen? Die Fragen, die nachts den Schlaf rauben? Darf Ihr Partner Angst haben und Ihnen Gefühle zeigen? Besuchen Sie doch ein Seminar, um die Kommunikation in Ihrer Ehe zu fördern, oder lesen Sie gemeinsam ein Ehebuch. Schauen Sie gemeinsam einen Film an und diskutieren Sie hinterher darüber. Der gemeinsame Austausch ist sehr wichtig, damit sich der Partner an Ihrer Seite nicht zu einem Fremden entwickelt. Besonders, wenn Kinder da sind und der Alltag einen auffrisst, kann das leicht geschehen. Gehören Sie auch zu den modernen Ehepaaren, die nur fünf Minuten am Tag miteinander reden? Dann sollten Sie sich einen Abend in der Woche reservieren, um auf dem Laufenden zu bleiben. Welches Buch liest Ihre Frau gerade? Welchen Arztbesuch schiebt Ihr Mann vor sich her? Welche Freundin würde Ihre Frau gerne mal wieder besuchen? Von welchem Sporterlebnis träumt Ihr Mann?

Gemeinsame Unternehmungen
Wann sind Sie zuletzt Händchen haltend durch die Stadt geschlendert? Wie wär's mit einem Kinogutschein für zwei Personen, Popcorn und Cola? Es tut gut, Zeit mit dem anderen zu verbringen und diese auch vorzubereiten. Gemeinsam Essengehen muss nicht teuer sein. Ist es nicht etwas Besonderes, sich gegenüberzusitzen, sich bedienen zu lassen, genau zu wissen, dass kein Telefonanruf die Zweisamkeit stören kann? In über 230 Städten gibt es sogenannte Gutscheinbücher[24]. Das ist ein Angebot der regionalen Küche, verschiedene Lokale kennenzulernen. Man isst zu zweit, zahlt aber immer nur das teurere Gericht. Welches Hobby könnten Sie gemeinsam pflegen oder neu entdecken? Treiben Sie gemeinsam Sport? Wie wäre es mit einem Tanzkurs? Die meisten Frauenherzen

schlagen höher, wenn ein Mann sich dazu bereit erklärt. Aber auch gemeinsam joggen, walken oder schwimmen bindet zusammen. Tauschen Sie sich darüber aus, was Sie gerne mal unternehmen würden!

Verliebtendecke

Wenn man frisch verliebt ist, kann man sich gar nicht vorstellen, dass dieses wunderbare Gefühl einmal aufhört. Doch schneller, als man denkt, sind die Schmetterlinge aus dem Bauch entflogen. Die rosarote Brille ist zerbrochen und man sieht den anderen mit Stärken und Schwächen. Wie geht es Ihnen? Sind Sie immer noch verliebt? Oder ist Ihnen das Verliebtsein abhanden gekommen?

So wie es jedem von uns einleuchtet, dass man nicht ständig mit 3000 Umdrehungen im Leerlauf herumlaufen kann, so kann man auch nicht permanent verliebt sein, weil man dann keine Lust hätte, zu arbeiten oder Leistung zu bringen. Man würde immer nur an den anderen denken, wäre unkonzentriert und würde vom Leben auf der Wolke träumen.

Denken Sie an die Zeit des Kennenlernens zurück, ziehen Sie ein besonderes Kleid an, bringen Sie Rosen mit, fahren Sie mal zu zweit ein Wochenende weg, und schon ist es wieder da – dieses Gefühl, das das

Es ist gut, das Verliebtsein immer wieder neu zu entfachen.

Herz höher schlagen lässt. Glückshormone werden ausgeschüttet und die Schmetterlinge flattern durch den Bauch, sodass man wieder jung wird wie ein Teenager und verrückte Dinge für den anderen macht.

* Wann haben Sie zuletzt im Wohnzimmer getanzt?
* Wann sind Sie Hand in Hand barfuß im Regen über das Gras gelaufen?
* Haben Sie eine andere verrückte Idee, die Sie gerne zusammen verwirklichen würden?

Helfen Sie sich gegenseitig, sich immer wieder neu ineinander zu verlieben. »Schau mich noch einmal so an wie früher«, bat eine Frau ihren Mann. Oder: »Was siehst du, wenn du mich ansiehst?«

Manchmal gehe ich ins Krankenhaus, und wenn ich dann meinen Mann im Arztkittel sehe, denke ich: »Es ist nicht schwer, mich in ihn neu zu verlieben. Ich muss es nur zulassen. Wie schön, dass er schon mein Mann ist.«

Seien Sie kreativ. Das ist ein sicheres Zeichen dafür, dass Sie verliebt sind, und dann wird auch Ihre Sexualität schöner. Legen Sie doch mal ein paar getrocknete Rosenblätter vom Flur aus bis ins Schlafzimmer, wenn Ihr Mann spät von der Arbeit kommt. Oder vereinbaren Sie ein Zeichen, das Sie ins Fenster stellen.

Verschönern Sie den grauen Alltag mit rosa Wolken.

Freunde von uns haben zwei Störche. Je nachdem, wie sie beieinander stehen, denkt man, dass sie sich lieb haben oder streiten. Wie wär's, wenn die zueinander gewandten Störche ihm zeigen, dass Sie schon sehnsuchtsvoll auf ihn warten? Oder Sie stellen mehrere Teelichter in Herzform auf den Abendbrottisch.

Fragen an den Mann:

* Geht Ihre Frau demnächst auf Dienstreise? Schmuggeln Sie doch ihre Lieblingspralinen ins Gepäck mit einer schönen Karte. Im Zeitalter der Handys können auch SMS die Liebe wieder anfachen.
* Mag Ihre Frau Cappuccino oder Latte Macchiato? Bringen Sie ihn doch mal unaufgefordert zu ihr ins Arbeitszimmer.
* Oder schreiben Sie mit Lippenstift auf den Spiegel: »Ich liebe dich.«
* Basteln Sie einen Kalender mit den Erlebnissen des letzten Jahres oder sammeln Sie schöne Sprüche oder Spruchkarten und stellen Sie einen persönlichen Kalender zusammen.
* Wann haben Sie das letzte Gedicht geschrieben?
* Womit können Sie Ihre Frau begeistern? Mit einem Museums- oder Theaterbesuch?

Fragen an die Frau:

* Liebt Ihr Mann Überraschungen?
* Mag er einen Fahrradausflug zur nächsten Eisdiele?
* Liest er gerne mal eine Segelzeitschrift?
* Wie wär's mit einem gemeinsamen Besuch beim Fußballspiel?
* Wann haben Sie zuletzt sein Lieblingsessen gekocht?

Lassen Sie sich nicht entmutigen, wenn Ihr Partner auf Ihr Werben nicht sofort reagiert. Denken Sie an Ihre Anfänge, erobern Sie neu, begeistern Sie sich für den anderen. Machen Sie sich neu seine Einzigartigkeit, seine Stärken und gemeinsame, schöne Erlebnisse bewusst. Knüpfen Sie da an, ergreifen Sie die Initiative und haben Sie einen langen Atem. Sie können dabei nur gewinnen.

Liebesdecke

Selbstlose Liebe ist notwendig, damit eine Beziehung Stabilität erhält. Wie geht es Ihnen, wenn der andere Sie verletzt hat, Versprechen nicht einhält, Geheimnisse ausplaudert oder launisch ist? Wie ist Ihre Reaktion, wenn Ihr Partner zu spät nach Hause kommt, krank, dienstlich verhindert oder arbeitslos ist?

Wenn ich selbstlos liebe, sehe ich nicht mehr auf mich und meinen eigenen Vorteil. Ich bin »los« von mir, wie es das Wort sehr anschaulich sagt. Können Sie vergeben? Können Sie die Not des anderen sehen, ihn in seiner Krankheit trösten? Oder sehen Sie nur auf sich und Ihre Enttäuschung?

Wahre Liebe begleitet nicht nur in Krisen, sondern gönnt dem anderen auch den Erfolg, ohne neidisch zu sein. Sie freut sich mit ihm.

Anja kann nicht bis zum Abend mit der Nachricht warten, dass sie den Posten der Chefsekretärin wirklich bekommen hat, und schreibt Johannes eine SMS. Als sie nach der Arbeit nach Hause kommt, staunt sie nicht schlecht, als dort der Tisch für zwei Personen gedeckt ist und zwei Forellen im Ofen brutzeln.

Sich mit dem anderen von Herzen zu freuen, besonders wenn man selbst gerade durch eine Krise geht und es nicht wie am Schnürchen läuft, ist gar nicht so einfach. Springen Sie über Ihren Schatten und feiern Sie den anderen wie einen König. »Man muss Feste feiern wie sie fallen«, sagt der Volksmund. So eine Überraschungsfeier hinterlässt tiefe Spuren im Herzen des geliebten Menschen.

Mira hat gerade eine Klausur nicht bestanden, als sie von Mark erfährt, dass er ein einjähriges Stipendium für die USA bewilligt bekommen hat. Sein Professor hat ihn vorgeschlagen, eine einmalige Chance. »Manchmal liegen Triumph und Niederlage ganz nah beieinander«, denkt sie. »Irgendwie sind doch seine Siege auch meine«, kommt ihr in den Sinn. Ich habe ihn bei seinen wissenschaftlichen Arbeiten unterstützt, ihn freigegeben, damit er lernen und experimentieren konnte und ihn mit Essen verwöhnt, wenn er müde war. Ganz langsam weicht die Trauer über ihr eigenes Versagen, und sie beschließt, den roten Teppich aus dem Gästezimmer in den Flur zu legen und noch schnell seinen Lieblingskuchen zu backen. Als Mira Marks Schlüssel im Schloss hört, kommt sie ihm mit einer Himbeertorte gespickt mit Amerikafähnchen entgegen.

Ist eine Ehe für Sie eine Schicksalsgemeinschaft oder eine Verbindung, die man zu jeder Zeit lösen kann, wenn einer von beiden nicht mehr mit dem anderen zusammenleben möchte? Früher war den Ehepartnern klar, dass sie sich versprachen, bis zum Tode beieinander zu bleiben und in guten und in bösen Tagen füreinander zu sorgen. Wenn einer von beiden arbeitslos oder krank wurde, dachte man nicht darüber nach, sich scheiden zu lassen. Sicher lag das auch in einer in der Gesellschaft tiefer verwurzelten Ehrfurcht vor Gott begründet. Die Kirchen lehrten, dass die Ehe unauflöslich sei, und so war den Heiratenden diese Einbahnstraße klar.

Als Nicole und Simon Pflegekinder aufnehmen wollten, wurden sie vom Sozialarbeiter gefragt: »Wie sind Sie in Krisen Ihrer Ehe miteinander umgegangen? Nennen Sie mir bitte eine Krise.« Zunächst waren sie geschockt. Wer spricht schon offen über Eheschwierigkeiten, und dann auch noch vor einer öffentlichen Stelle, wo alles aufgeschrieben wird? Am Ende des Gesprächs wurde ihnen gesagt: »Man hat Ihre Ehrlichkeit gespürt. Wissen Sie, wer mir sagt, dass er keine Probleme mit dem anderen hat, der ist nicht ehrlich mit sich, dem Partner und mit mir als Betreuer der Pflegekinder. Ich muss aber wissen, ob Sie auch zukünftige Probleme mit den Kindern zugeben und sie nicht verbergen.«

Krisen, Missverständnisse, Diskussionen bis hin zum Streit sind normal, wenn man so eng beieinander wohnt. Wichtig ist nur, dass man lernt, fair zu streiten, die eigenen Grenzen und die des anderen achtet und sich hinterher wieder vergibt und versöhnt.

Wer Krisen miteinander durchsteht, wird erleben, dass die Beziehung hinterher fester geworden ist. »In der Not erkennt man den Freund.« Das trifft auch für die Ehebeziehung zu. Wie gut, wenn mich der Ehepartner in meiner Krankheit nicht allein lässt, sondern im Krankenhaus besucht, mir zuhört, mich tröstet, gemeinsam nach Heilungsmöglichkeiten sucht.

* Welche Situationen oder Themen lösen bei Ihnen immer wieder Krisen aus?

Bei manchen Paaren ist es der Umgang mit Geld. Bei anderen lösen zeit- und kostenaufwendige Hobbys Unstimmigkeiten aus. Bei jedem kann es etwas anderes sein. Auch wenn Sie mit

Ihrem Traumpartner verheiratet sind, ist er nicht in jeder Situation und 24 Stunden am Tag der Traumpartner, der Ihnen alle Wünsche von den Augen abliest. Er wird auch mal launisch, müde oder enttäuscht sein. Oft hat es gar nichts mit Ihnen, sondern mit seinen Lebensumständen zu tun. Wenn er gerade darüber nachdenkt, ob er in naher Zukunft arbeitslos werden könnte, wird er oft in Gedanken verloren dasitzen und grübeln. Selbst schöne Nachrichten, wie die Feststellung einer Schwangerschaft, können eine Krise auslösen, da das Kind sich zu früh eingestellt hat oder einem jetzt auf einmal wie Schuppen von den Augen fällt, welche Verantwortung man jetzt übernommen hat. Nicht allen fällt die Umstellung von zwei auf drei so leicht. Enttäuschungen gehören zu unserem Leben dazu. Je eher man eine realistische Einstellung zur Partnerschaft entwickelt, desto besser. In jeder Krise steckt die Chance zur Veränderung, die Möglichkeit einer neuen Tiefe in der Beziehung, die Gewissheit gibt, dass auch weitere Krisen überwunden werden können.

Mit den Zusatzdecken aus Freundschaft und selbstloser Liebe wird ein gutes Fundament für Ihre Sexualität gelegt, und das Verliebtsein ist wie die Sahne auf dem Kuchen.

5. Kapitel

Biblische Decken

Sind Sie gespannt, was Gott zu dem Thema in der Bibel sagt? Oder haben Sie dabei ein komisches Gefühl in der Magengegend und empfinden, dass sich Glauben und Sexualität eher ausschließen? Wollen Sie Gott ins Schlafzimmer einladen? Oder denken Sie eher, dass der Intimbereich Ihnen beiden als Paar ganz alleine gehört und dass Gott da nur stören würde?

Manche Menschen glauben, dass Gott der große Spielverderber beim Thema Sex sei.

Sexualität – ein Geschenk

Aber die wenigsten wissen, was wirklich dazu in der Bibel steht. Als Mann habe ich sehr bewusst gelesen, dass ich sogar aufgefordert werde, das Leben an der Seite meiner Ehefrau zu genießen. Sexualität wurde nicht dazu geschaffen, nur heimlich und mit schlechtem Gewissen unter der Bettdecke, gerade mal zum Kinderzeugen, praktiziert zu werden. Sexualität hat aus Gottes Sicht einen festen und beständigen Platz in der Beziehung von Ehepartnern.

Prediger 9,9: »Sei glücklich mit der Frau, die du liebst; genieß jeden flüchtigen Tag deines kurzen Lebens, das Gott dir auf dieser Erde gegeben hat.«

Sexualität in der jungen Ehe

5. Mose 24,5: »Ein frisch verheirateter Mann soll weder zum Kriegsdienst eingezogen noch mit anderen besonderen Aufgaben betraut werden. Er soll ein Jahr frei von öffentlichen Verpflichtungen zu Hause verbringen dürfen, damit er mit der Frau, die er geheiratet hat, glücklich sein kann.«

Gottes Wunsch ist es, dass sich die beiden in der Zeit des gemeinsamen Lebens mit- und aneinander freuen. Hier lesen wir sogar, dass der Ehemann direkt nach seiner Hochzeit vom Kriegsdienst und allen anderen Verpflichtungen freigestellt wurde.

Im ersten Ehejahr werden viele Weichen für die Ehe gestellt. Jetzt entscheidet sich, wie man miteinander umgehen möchte. Neulich sagte unser Schwager:»Heutzutage nimmt man sich nicht mehr die Zeit, sich zusammenzuraufen. Man kämpft nicht miteinander, da man nicht mehr diese Geborgenheit hat, dass der andere einen nicht verlässt. Zu oft sieht man im Freundeskreis, dass Ehen schon nach ein bis drei Jahren wieder geschieden werden.«

Das erste Ehejahr ist ein wichtiges Jahr, um das Nähe-Distanz-Problem zu lösen, da es sonst über kurz oder lang zu Schwierigkeiten kommen wird.

Folgende Fragen müssen geklärt werden:

* Wie viel Zeit brauchen wir für uns?
* Wie viel Zeit braucht jeder für sich selbst?
* Wie oft wollen wir uns mit anderen treffen?

Nehmen Sie sich die Zeit füreinander, damit Sie wirklich eins werden. In dem Bibeltext wird dargelegt, wie wichtig es ist, Zeit füreinander zu haben. Den anderen als Ehefrau und Ehemann kennenzulernen, ist eine bewusste Entscheidung.

Man ist nicht mehr Freund und Freundin. Jedes Ehepaar, aber besonders das jung vermählte, sollte wenigstens ein bis zwei Abende pro Woche für sich reservieren. Man braucht Zeit für Zärtlichkeit, Romantik, einen liebevoll gestalteten Abend, ein gutes Essen nur zu zweit, tiefe Gespräche, gemeinsames Kuscheln bei Kerzenschein und die sexuelle Liebe. So legt man das beste Fundament für eine stabile Ehe, wenn man diesen Rat aus dem Alten Testament beherzigt.

Genießen Sie diese Zeit als junges Paar. Sie ist (über-)lebenswichtig. Schützen Sie sich vor zu vielen Aufgaben, die aus Ihrem Umfeld an Sie herangetragen werden.

Sexualität – ein Geheimnis

Können Sie zusammen beten? Beten Sie für den Geschlechtsverkehr alleine oder auch zu zweit? Manche Menschen sagen, dass beten noch intimer sei als miteinander zu schlafen. Wenn man mit dem anderen schläft, kann man in Gedanken ganz woanders sein oder sogar dem anderen etwas vorspielen, aber beim Beten ist das nicht möglich. Wenn man zusammen mit Gott sprechen möchte, wird einem die Gegenwart Gottes sowie die Tatsache bewusst, dass man vor ihm nichts verbergen kann. Wie könnte er die Gebete beantworten, wenn man im Streit vor ihn kommt? Also müsste man sich vorher versöhnen. Ist Ihnen auch schon einmal aufgefallen, dass in dem Wort »versöhnen« das Wort »Sohn« steckt? Wahre Versöhnung ist über den Sohn Gottes möglich, über Jesus Christus. Er versöhnt uns mit Gott und untereinander, wenn wir ihn als Sohn Gottes anerkennen. So spüren Paare unbewusst, dass sie ehrlich voreinander und vor Gott sein müssen, damit ihre Gebete beantwortet werden können.

Es steckt eine große Kraft darin, wenn Mann und Frau gemeinsam beten und Gott um die gleiche Sache bitten. Jesus selbst hat versprochen anwesend zu sein, wenn man in seinem Namen zusammenkommt.

Matthäus 18,19–20: »Wenn zwei eins werden auf Erden, worum sie bitten wollen, so soll es ihnen widerfahren von meinem Vater im Himmel. Wo zwei oder drei in meinem Namen zusammen sind, da bin ich mitten unter ihnen.«
(Luther-Übersetzung)

Ist das nicht ein großartiges Versprechen? Als wir angefangen haben, für unsere sexuelle Liebe zu beten, begann ein Prozess, und es hat sich viel verändert. Wir wollten das Geheimnis lüften, das er in unsere Ehe gelegt hatte.

*Epheser 5,31–32: »In der Schrift heißt es: Deshalb wird ein Mann Vater und Mutter verlassen und sich an seine Frau binden und die beiden werden zu einer Einheit. **Dies ist ein großes Geheimnis,** aber ich deute es als ein Bild für die Einheit von Christus und der Gemeinde.«*

Bis heute beten wir immer wieder: »Jesus Christus, wir wollen das Geheimnis unserer Sexualität erfahren und erleben, wie du uns in der Sexualität beschenkst. Danke, dass du uns die Intimität anvertraut hast. Wir wollen sie achten und pflegen, damit wir nicht in Versuchung geraten, unsere Ehe zu gefährden.«

Gott hat die Sexualität geschaffen. Es war seine Idee, und so hat er auch die Gebrauchsanweisung. Wir möchten Ihnen Mut machen, diese zu entdecken.

Entdecken Sie das Geheimnis Ihrer Sexualität!

Sexualität und ihr Schutzraum

In unserer aufgeklärten Gesellschaft, die uns Sexualität als natürliches Bedürfnis wie Hunger, Durst und Schlaf anbietet, das man zu jeder Zeit und mit wechselnden Partnern stillen kann, kommt man manchmal gar nicht mehr auf die Idee, dass Gott die sexuelle Liebe für Ehepaare geschaffen hat. Wir sind oft ganz überrascht, dass es sich wie ein roter Faden durch die Bibel zieht, dass die Sexualität in die Ehe gehört. Intimität braucht

> Nirgends ist der Mensch in einer Beziehung so schutzlos, hüllenlos und verwundbar wie bei der sexuellen Begegnung.

einen Schutzraum. Manch einer kann davon berichten, wie tief der Schmerz der Verletzung gehen kann, wenn man merkt, in seinem persönlichsten, geheimnisvollsten Bereich benutzt worden zu sein. Gott möchte, dass wir miteinander sehr liebevoll umgehen, den anderen als Geschenk ansehen, als etwas Kostbares, das ich nicht leichtfertig verletzen sollte. Nirgends ist der Mensch in einer Beziehung so schutzlos, hüllenlos und verwundbar wie bei der sexuellen Begegnung.

* Wie ist Ihre Einstellung zu vorehelichem Geschlechtsverkehr?
* Hatten Sie schon sexuelle Beziehungen, bevor Sie Ihren Ehepartner kennenlernten?
* Hatten Sie voreheliche Sex mit Ihrem Ehepartner?

Wenn wir Gott ernst nehmen, dann ist uns auch wichtig, was er zu diesem wichtigen Thema sagt. Er will uns segnen, aber sein Segen ist an Gehorsam gebunden. Es liegt in unserer Entscheidung.

Wussten Sie vielleicht während der Teenagerzeit gar nicht, was zu diesem Thema in der Bibel steht, entweder weil Sie in einem nicht christlichen Elternhaus groß wurden oder weil man Sie sehr liberal erzogen hat? Hatten Sie schon Sex vor der

Ehe, vielleicht sogar mit mehreren Partnern? Haben Sie schon mit einem Partner zusammengelebt?

Vielleicht haben Sie es auch gewusst, aber Sie dachten, dass diese Maßstäbe veraltet seien und nur kulturbedingt für die damalige Zeit gegolten hätten. Oder Sie haben sich einfach darüber hinweggesetzt und gedacht, dass Sie es besser wüssten.

Sexualität und die Norm

Manche passen sich auch einfach an, tun das, was alle tun. Für uns ist die Frage interessant, was denn für Christen normal ist. Gott gibt uns in seinem Wort Leitlinien:

> *Römer 12,2: »Deshalb orientiert euch nicht am Verhalten und an den Gewohnheiten dieser Welt, sondern lasst euch von Gott durch Veränderung eurer Denkweise in neue Menschen verwandeln.«*

Ist normal, was alle tun?

Wir waren in einem Dorf in Südafrika, in dem die AIDS-Rate 95 Prozent betrug. Das heißt: In diesem Dorf war es normal, AIDS zu haben. Heißt es deshalb, dass wir auch AIDS haben wollen, um normal zu sein?

Eine Gesellschaft beurteilt in der Regel das als normal, was die Mehrzahl der Menschen tut. Aber die meisten Menschen müssen nicht unbedingt alles richtig machen. Wir suchen also eine Norm, die außerhalb von menschlichen Erfahrungen begründet ist, und finden diese Richtschnur in Gottes Vorstellungen, die sich wie ein roter Faden durch die Bibel zieht. Wir lesen sie nicht nur in den Geboten, sondern an vielen anderen Stellen der erzählenden, poetischen und weisheitlichen Texte.

Für Gott ist es normal, dass das Ausleben der Sexualität in einer stabilen, geregelten Beziehung stattfindet, also in der Ehe. Da er der Schöpfer der Sexualität ist, möchten wir seiner Bedienungsanleitung folgen. Wir benutzen ja auch kein Auto oder anderes technisches Gerät, ohne die Anleitung des Herstellers zu berücksichtigen. Sonst kann es passieren, dass das Gerät plötzlich defekt ist und man zugeben muss, dass man es durch das Lesen der Bedienungsanleitung hätte besser wissen können.

Immer wieder erleben wir Paare, die sehr traurig darüber sind, dass sie das nicht vorher wussten. Sie spüren die Negativauswirkungen ihrer Handlungen und würden sie am liebsten rückgängig machen. Wie gut, dass Gott nicht nur Richtlinien aufstellt, sondern uns auch vergibt, wenn man sie überschritten hat, egal ob wissentlich oder unwissentlich, vorausgesetzt man bittet um Vergebung und will umkehren.

»Das erste Mal«

In der Bibel lesen wir, dass Frauen mit Stolz ihre Unberührtheit mit ihrer Kleidung zum Ausdruck brachten und somit allen zeigten, dass sie noch mit keinem Mann geschlafen hatten.

2. Samuel 13,18: »Sie trug ein langes Gewand, wie es damals für die Töchter des Königs, die noch Jungfrauen waren, Brauch war.«

Im Laufe der letzten 50 Jahre haben wir verlernt, es als etwas Wertvolles anzusehen, sexuell noch »unberührt« zu sein. Die sexuelle Unberührtheit ist ein Schatz, den man nur einmal verschenken kann. Doch für viele ist die Tatsache, als Unverheiratete noch Jungfrau zu sein, eher negativ besetzt.

Sie wollen möglichst schnell Erfahrungen auf diesem Gebiet sammeln und fühlen sich erwachsen und wertvoll, wenn sie schon Geschlechtsverkehr hatten. Dass es etwas Kostbares sein kann, die sexuelle Liebe erst in der Ehe gemeinsam zu entdecken und zu entwickeln, kommt ihnen nicht in den Sinn.

Im Alten wie auch im Neuen Testament wird immer wieder der Begriff »unberührtes Mädchen« oder »Jungfrau« für Mädchen verwendet, die unverheiratet waren. Männer, die noch keinen Geschlechtsverkehr vollzogen haben, werden als »jungfräulich« bezeichnet.

Offenbarung 14,4: »Denn sie haben sich nicht mit Frauen befleckt, sondern sind rein wie Jungfrauen«

1. Korinther 7,34: »Und die Frau, die keinen Mann hat und die Jungfrau sorgen sich um die Sache des Herrn, dass sie heilig seien am Leib und auch im Geist« (Luther-Übersetzung).

*2. Korinther 11,2: »Denn ich (Gott) eifere um euch mit göttlichem Eifer; denn ich habe euch (meine Gemeinde) verlobt mit einem einzigen Mann (Jesus Christus), damit ich Christus eine **reine** Jungfrau zuführte.« (Luther-Übersetzung)*

In unserer Jugend wurde noch gelehrt, dass man unberührt in die Ehe gehen sollte. Das weiße Brautkleid symbolisierte diese Unberührtheit und Reinheit. Es war undenkbar, dass eine schwangere Braut ein weißes Brautkleid getragen hätte.

Menschen, die sich aus Liebe zu Gott dafür entschieden haben, keinen Sex vor der Ehe zu haben, haben oft eine besondere Ausstrahlung, die andere wahrnehmen. »Du bist anders. Was ist mit dir los?«, werden sie dann gefragt. Manche formulieren es auch so: »Du strahlst eine Reinheit aus.«

Wir möchten hier betonen, dass es nicht nur um den vollzogenen Geschlechtsverkehr geht, sondern auch um die

Gedanken. Man kann noch Jungfrau sein, aber in Gedanken schon oft Männer verführt haben. Manche glauben auch, dass sie doch mit Recht sagen können, noch eine Jungfrau zu sein, weil sie noch mit keinem Mann geschlafen haben. Doch sie haben alle anderen Formen der Sexualität wie Petting, oralen Sex etc. schon vor der Ehe praktiziert. Hier werden wir wachgerüttelt und müssen uns fragen, wo wir die Gebote Gottes beugen und sie so auslegen, wie wir sie gerne hätten. Wir behaupten nicht, dass es leicht ist, bis zur Ehe zu warten. Wir glauben, dass es wichtig ist, ehrlich vor Gott zu sein. Hier steht, dass er nicht nur Jungfrauen sucht, sondern **reine** Jungfrauen.

Sexualität im Alten Testament

Auch die Menschen der Bibel hielten sich oft nicht an die Gebote. So gab es zur Zeit des Alten Testamentes zum Schutz der Sexualität in der Ehe folgende Verordnungen:

> *2. Mose 22,15: »Wenn ein Mann eine Jungfrau, die noch nicht verlobt ist, verführt und mit ihr schläft, muss er die übliche Mitgift bezahlen und sie zur Frau nehmen.«*

Dieser Bibelvers zeigt deutlich, dass Geschlechtsverkehr außerhalb der Ehe nicht erlaubt war und auch nicht ohne Konsequenzen praktiziert werden konnte. In *5. Mose 22, 28–29* wird noch ausgeführt, dass der Mann sich in so einem Fall nicht mehr von der Frau scheiden lassen konnte. Dieses Bewusstsein ist in der heutigen Zeit weitgehend verloren gegangen. Die sexuelle Unberührtheit hatte einen so hohen Stellenwert, dass eine Frau gesteinigt werden konnte, wenn sich herausstellte, dass sie bei der Eheschließung nicht mehr Jungfrau war *(5. Mose 22,13 ff.)*. Aber

> Praktizierte Sexualität bedeutete die Übernahme von Verantwortung füreinander.

auch Männern drohte bei sexueller Verfehlung die Todesstrafe *(5. Mose 22,25)*. Wieder ist Gleichlautendes in vielen anderen Büchern (Sprüche, Prediger, Hohes Lied der Liebe, Psalmen etc.) des Alten Testamentes zu finden.

Sexualität im Neuen Testament

Grundsätzlich kann man sagen, dass Jesus die Gebote über voreheliche Geschlechtsverkehr an keiner Stelle aufgehoben hat, sodass die Grundaussage des Alten Testaments bestehen bleibt. Aber auch im Neuen Testament findet man eindeutige Stellen.

> *1. Korinther 7,38: »Also, wer seine Jungfrau heiratet, der handelt gut« (Luther-Übersetzung).*

> *1. Thessalonicher 4,3–5: »Denn das ist der Wille Gottes, eure Heiligung, dass ihr meidet die Unzucht und ein jeder von euch seine eigene Frau zu gewinnen suche in Heiligkeit und Ehrerbietung, nicht in gieriger Lust wie die Heiden, die von Gott nichts wissen.« (Luther-Übersetzung)*

Der junge Mann wird darauf hingewiesen, eine Frau von Anfang an zu ehren, sie nicht zu benutzen, sie nicht als Lustobjekt zu sehen, sondern als gleichberechtigtes Gegenüber. Ziel ist lebenslange Treue, nicht flüchtige Lust. Nicht *ich* bin der Mittelpunkt, nicht *meine* Bedürfnisse müssen befriedigt werden, sondern wir sollen dazu reifen, uns gegenseitig als Geschenk zu sehen. Auch im Bereich der Sexualität ist das ein wichtiger Rat. Jeder sollte der Herr über seine Sexualität sein, damit sie ihn nicht zu etwas verführt, was ihm hinterher leidtut.

> Nicht der sollte heiraten, der glücklich *werden* will, sondern der, der glücklich *machen* will.

Es gibt noch viele andere Stellen, die ausdrücklich vor Unzucht warnen *(z. B. Galater 5,19; 1. Korinther 6,18 f.)*.

Was ist Unzucht?

Wenn das Neue Testament von Unzucht spricht, ohne dies genau zu definieren, dann setzt es beim Leser ein gewisses Vorverständnis voraus, das vom Alten Testament geprägt ist und jede Art von außerehelicher Sexualität meint. Lag im Alten Testament die Betonung auf der Tat, so wird im Neuen Testament deutlich, dass sexuelle Verfehlung und Ehebruch schon in Gedanken beginnen: wenn man außerhalb der Ehe jemand mit sexuellen Absichten beobachtet *(Matthäus 5,28)*.

Ehebruch und sexuelle Verfehlung beginnen im Kopf!

Dass es bei einer solchen Mitverurteilung der Gedanken bis in die verborgenen Tiefen des Herzens der Vergebung und der Gnade bedarf, ist ebenfalls eine wichtige und zentrale Aussage des Neuen Testaments. Ganz deutlich zeigt uns das Neue Testament, dass die Zeit für Todesstrafe und Steinigung endgültig vorbei ist. Gott gibt jedem immer wieder die Chance für einen neuen Anfang.

Jeder, der sich verfehlt, hat die Möglichkeit zu Umkehr und Vergebung.

Vergebung erbitten

Nun ist uns klar, dass in unserer Gesellschaft die meisten Leser nicht unberührt in die Ehe gegangen sind. Wenn Ihnen beim Lesen deutlich geworden ist, dass Sie dazugehören, dann laden wir Sie ein, als Erstes Gott um Vergebung zu bitten. Es ist ein großes Geschenk, dass Gott hier auf Erden Schuld vergibt.

Micha 7,18: »Wo ist ein Gott wie du, der die Sünden vergibt und die Missetaten seines Volkes verzeiht?«

Ein mögliches Gebet wäre Folgendes: »Jesus Christus, es tut mir leid, dass ich deine Gebote nicht gehalten habe. Ich bitte dich um Vergebung, dass ich mit… (setzen Sie hier den Namen der Person ein) außereheliche Kontakt hatte. Wir sind durch den Geschlechtsverkehr eins geworden. In deinem Namen löse ich mich von…«

Wenn es Ihr jetziger Ehepartner war, dann bitten Sie nur um Vergebung für die Tat und dafür, dass sie die Konsequenzen für Ihr Handeln nicht tragen müssen, dass es keine negativen Auswirkungen für Ihre eheliche Sexualität hat.

> * Haben Sie auch das Bedürfnis, andere Menschen um Vergebung bitten zu wollen?

Anderen vergeben

Menschen, die verletzt haben

Vielleicht spüren Sie jetzt aber auch einen tiefen Schmerz über Erfahrungen aus Ihrer Vergangenheit, die Sie daran erinnern, dass Sie selbst noch nicht vergeben haben. Sind Sie von jemandem verletzt, benutzt, hintergangen worden? Hat man Sie überredet, verführt, erpresst? Sind Sie vielleicht sogar vergewaltigt oder als Kind sexuell missbraucht worden? Wir bitten Sie, den Schmerz darüber zuzulassen. Schauen Sie hin, weinen Sie, gehen Sie zu jemandem, dem Sie vertrauen und der Sie an die Hand nimmt zu vergeben.

Manchmal ist vergeben lernen ein Prozess über Jahre. Am Anfang steht die Entscheidung: »Von meinem Kopf her will ich vergeben, aber mein Herz schreit: Töte ihn.« Die Gefühle kommen oft erst hinterher. Aber ich bitte Sie um Ihrer selbst willen, machen Sie sich auf den Weg, die Schuld der anderen zu vergeben, damit Sie frei und liebesfähig werden. Bitten Sie Gott, Ihnen zu helfen zu vergeben. Bitten Sie ihn, zu heilen, und sprechen Sie dem anderen gegenüber Vergebung aus, wenn es zwischen Ihnen steht. Im Vaterunser steht in

Matthäus 6,12: »*vergib uns unsere Schuld, wie auch wir denen vergeben haben, die an uns schuldig geworden sind.*«

Gottes Bitte an uns ist, zu vergeben. Nicht verdrängen, nicht verstehen, sondern vergeben. Das heißt: auf Rache verzichten, nicht mehr nachtragen und Beziehungen eine Chance geben, geheilt zu werden.

Gott ist ein Gott der Wiederherstellung. Jesus ist der Arzt, der nicht nur körperliche Krankheiten heilen kann, sondern auch seelische Verletzungen. Bitten Sie: »*Jesus Christus, du siehst meine Wunden, mein verletztes Herz, bitte heile mich.*«

Wenn Verletzungen in diesem Bereich sehr schwerwiegend und tief sind, kann es hilfreich sein, seelsorgerliche oder psychotherapeutische Hilfe in Anspruch zu nehmen.

Sich selbst

Vielleicht muss man sich selbst auch verschiedene Situationen vergeben, das ist oft das Schwerste. Würden Sie mit dem jetzigen Wissen anders handeln, wenn Sie über die letzten zehn Jahre nachdenken?

> Das Schwerste ist oft, sich selbst zu vergeben.

Dem Ehepartner

Vergeben Sie Ihrem Partner, dass er keine Grenzen auf sexuellem Gebiet gezogen hat. Vielleicht hatten Sie sich sogar vorgenommen, bis zur Ehe zu warten. Doch dann haben Sie sich immer wieder gegenseitig in Versuchung gebracht und die Grenzen überschritten. Gehen Sie die Wege zurück und vergeben Sie ihm seine Willensschwäche, sein Drängen, seine Grenzüberschreitung, seinen Druck.

Dem Ehepartner, der nicht auf Sie gewartet hat

In der letzten Zeit hatten wir einige Gespräche mit Männern, die sich für die Ehe aufgehoben hatten und nun große Mühe hatten, ihren Ehefrauen das Ausleben der vorehelichen Sexualität zu vergeben. Sie fühlten sich in ihrer Ehre als Mann verletzt.

Manchmal kommt der Schmerz darüber auch erst Jahre später heraus, besonders wenn Probleme auf sexuellem Gebiet auftreten. Immer wieder haben Sie vergeben, doch dann holt Sie der Schmerz wieder ein und Sie fragen sich: »Warum hat der Partner nicht gewartet? Warum können wir unsere Sexualität nicht unversehrt haben und entwickeln?«

> Vergeben ist ein Schritt, den Sie um Ihretwillen tun.

* Welchen Schmerz tragen Sie noch in sich?
* Wem wollen Sie noch vergeben?

Vergeben wird Sie befähigen, zerbrochene Beziehungen zumindest zum Teil heilen zu lassen.

Die Ehe als Bund

Uns hat es sehr viel bedeutet zu verstehen, dass die Ehe ein Bund ist und dass Gott Bündnisse sehr ernst nimmt, sowohl Bündnisse, die er eingeht, als auch Bündnisse, die wir eingehen.

Jakobus 5,12: »Sagt einfach klar Ja oder Nein, damit ihr euch nicht schuldig macht und dafür verurteilt werdet.«

Ein Bund im Alten Testament

Im Alten Testament lesen wir über den Bundesschluss am Sinai in *2. Mose 24 ff.*, dass Mose auf Gottes Anweisung einen Altar bauen ließ und junge Stiere opferte.

Ein Bund im Neuen Testament

Im Neuen Testament schließt Gott einen Neuen Bund mit den Menschen, für den Jesus Christus sein Leben lassen muss. Wieder gibt es ein Opfer, wieder fließt Blut *(1. Korinther 11,24 ff.)*.

Ein Ehebund im Alten Testament

Wenn ein Mann sich ein Mädchen zur Frau nehmen wollte, ging er zu ihrem Vater, lernte sie kennen und machte mit dem Vater einen Vertrag, in dem auch der Brautpreis festgelegt war. Danach galten sie als verlobt. Nun ging der Bräutigam weg und baute ein Zimmer für die beiden, das Zimmer, in dem sie auch die Hochzeitsnacht verbringen würden. Wenn der Raum fertig war, kam der Bräutigam, um seine Braut zu holen. Das konnte auch mitten in der Nacht sein, deshalb wartete die Braut und war ständig vorbereitet. Eine Frau, die noch keinen Verkehr mit einem Mann hatte, hat in der Regel noch das sogenannte Jungfernhäutchen oder Hymen. Beim ersten Geschlechtsverkehr wird es meistens eingerissen, was wehtun und zur Folge haben kann, dass etwas Blut fließt, sozusagen als Beweis, dass diese Frau wirklich Jungfrau war. Wenn die beiden dann miteinander geschlafen hatten, wurde als sichtbares Zeichen ein weißes Betttuch mit etwas Blut herausgezeigt, und die Hochzeitsfeier begann und dauerte oft mehrere Tage.

Uns hat es sehr berührt, als wir in einem Vortrag hörten, dass bei jedem Bund Blut vergossen wird – auch beim Ehebund.

Ein Ehebund heutzutage – Wann beginnt Ehe?

Die Eheschließung ist ein öffentlicher Akt, kein Geheimbund zwischen zwei Menschen, der verborgen bleiben kann. In

Deutschland ist klar definiert, dass eine Ehe auf dem Standesamt beginnt, wenn beide Partner sich gegenseitig versprochen haben, sich zu rechtlich angetrauten Ehepartnern zu nehmen. Das Ja muss vor dem Standesbeamten erfolgen. Anschließend unterschreiben die Eheleute und der Standesbeamte das Dokument. Trauzeugen sind bei der Eheschließung nicht mehr erforderlich. Es können aber auf Wunsch des Brautpaares bis zu zwei volljährige Trauzeugen sein.

Als gläubiger Mensch kann ich zwar sagen, dass mir die kirchliche Hochzeit mehr bedeutet und ich mich ohne Gottes Segen nicht verheiratet fühle, aber an der Tatsache, dass die Ehe bei der standesamtlichen Heirat beginnt, ändert das nichts.

Nach unserem Verständnis ist die kirchliche Hochzeitsfeier daher keine zweite Hochzeit, sondern eine Segnung der auf dem Standesamt öffentlich bekundeten Ehe, und stellt die Beziehung von Mann und Frau bewusst und vor Zeugen unter Gottes besonderen Schutz und seine Führung.

Was ist eine Ehe?
Ehe ist die rechtlich anerkannte Verbindung von Mann und Frau zu einer dauerhaften Lebensgemeinschaft.[25]

Die Ehe ist ein Bund zwischen Mann und Frau. Sie basiert auf der vor Zeugen ausgesprochenen Entscheidung zur lebenslangen Treue und Hingabe. Sie ist ein Stand, in dem ich mich bis zum Tod oder bis zu einer Scheidung befinde.

Ehen, die gelingen, nehmen das Versprechen zur Hingabe aneinander in guten und in schlechten Zeiten sehr ernst. Sie wissen um ihre eigenen Schwächen und Stärken.

Wie sollte es im Idealfall laufen?
Männer und Frauen lernen sich kennen, ohne miteinander zu schlafen, bauen eine Freundschaft auf, prüfen, ob sie zueinander passen und ob sie auf den jeweils vorhandenen Fundamenten aufbauen und gemeinsame Ziele im Leben

entwickeln können. Nach einer angemessenen Zeit machen sie den ersten Schritt und verloben sich, d.h. sie legen sich füreinander fest, machen diesen Entschluss öffentlich, verzichten aber noch auf das Ausleben der Sexualität. Erst mit der Hochzeit schließen sie den Bund durch ihr Versprechen zur lebenslangen Treue vor Zeugen. Danach beginnt das Ausleben der sexuellen Liebe.

Was ist eine christliche Ehe?

Für Christen ist die Ehe keine menschliche Erfindung, sondern Gottes Idee. Sie erbitten Gottes Segen für ihren gemeinsamen Weg und vertrauen auf Gottes Führung und Wegweisung. Wenn es zu Krisen kommt, glauben sie, dass Gott sie hindurchführt und ihnen hilft, zu vergeben und um Vergebung zu bitten. Sie erfahren immer wieder, wie Gott ihnen neue Liebe für den Ehepartner gibt.

Prediger 4,12: »Ein Einzelner kann leicht von hinten angegriffen und niedergeschlagen werden; zwei, die zusammenhalten, wehren den Überfall ab. Und: Ein dreifaches Seil kann man kaum zerreißen.«

Ein dreifaches Seil ist die stärkste Schnur, die wir kennen. Es hält sehr große Belastungen aus. Das Bild des dreifachen Seils für eine Beziehung zwischen Mann, Frau und Gott drückt aus, dass Ehe in dem Bewusstsein gelingen kann, dass Gott immer wieder neue Liebe, Vergebungsbereitschaft und Trost schenkt. So gewinnt Ehe eine große Stabilität und man kann auch Krisen gemeinsam überwinden.

Drei und doch eins

Der Gott der Bibel, der dreieinige Gott, lebt es uns vor, wie Gemeinschaft gelingt. Gott Vater, Sohn und Heiliger Geist sind eins trotz der Verschiedenheit ihrer Aufgaben. Jeder weist immer wieder auf den anderen hin und ehrt ihn. Gemeinsam beschließen sie, sich in Mann und Frau ein Gegenüber zu erschaffen.

1. Mose 1,26: »Lasset uns Menschen machen, ein Bild, das uns gleicht.« (Luther-Übersetzung)

Ist es nicht total ermutigend, dass es aus Gottes Sicht möglich ist, dass Mann und Frau trotz der großen Unterschiedlichkeit eins werden können, weil wir sein Abbild sind und weil er seine Liebe in unsere Herzen gibt?

Römer 5,5: »Denn wir wissen, wie sehr Gott uns liebt, weil er uns den Heiligen Geist geschenkt hat, der unsere Herzen mit seiner Liebe erfüllt.«

Freundschaft, Liebe und Sexualität sind drei zentrale Bereiche zwischen Mann und Frau, die Gott sehr am Herzen liegen. Von Anfang an war es sein Konzept, dass Menschen eine erfüllte, tiefe Gemeinschaft untereinander und mit ihm haben sollten. Ehe ist Gottes Idee. Er schuf den Menschen als Mann und Frau zur gegenseitigen Ergänzung.

Sexualität beinhaltet Erkenntnis

Gott wollte, dass Mann und Frau in der Sexualität etwas Einzigartiges haben, was sie mit keinem anderen Menschen austauschen sollen. Diese Liebe gehört nur ihnen beiden und stärkt sie. Außerdem entdeckt man den anderen in der sexuellen Vereinigung ganz neu.

> Wenn ich Sexualität aus der Ehe herausnehme und mit mehreren Personen praktiziere, verliert sie ihre Einzigartigkeit und ihre Bindungsfähigkeit.

1. Mose 4,1: »Adam schlief mit seiner Frau Eva (Luther-Übersetzung: erkannte seine Frau) und sie wurde schwanger.«

Wenn Sexualität mit mehreren praktiziert wird, verliert sie ihre Einzigartigkeit und ihre Bindungsfähigkeit, die aber hilft, Treue in den verschiedenen Phasen einer Ehe leben zu können.

Sexualität und Fruchtbarkeit

1. Mose 1,28: »Und Gott segnete sie und gab ihnen den Auftrag: ›Seid fruchtbar und vermehrt euch, bevölkert die Erde und nehmt sie in Besitz.‹«

Psalm 127,3: »Kinder sind ein Geschenk des Herrn«

Psalm 128,3–4: »Deine Frau wird sein wie ein fruchtbarer Weinstock, der in deinem Hause aufblüht. Und sieh nur die vielen Kinder. Sie sitzen um deinen Tisch, stark und gesund wie junge Olivenbäume. So segnet der Herr den, der ihn fürchtet.«

Es war Gottes Idee, Fruchtbarkeit an Sexualität zu koppeln. Kinder sind Gottes Geschenk an uns. In unserer Zeit, in der wir für Verhütungsmittel oft dankbarer sind als für die Tatsache, dass wir Kinder bekommen können, muss man sich das manchmal ins Gedächtnis zurückrufen. Kinder öffnen uns die Augen für das Wesentliche, für Gottes

> Wir sind oft dankbarer für Verhütungsmittel als für die Tatsache, dass wir Kinder bekommen können.

Welt und uns selbst. Sind wir offen, dass Gott unsere Pläne über die Kinderanzahl infrage stellen darf? Was machen wir, wenn sich ein Kind ankündigt, ohne dass wir es geplant haben? Wird es willkommen geheißen? Bei jedem Geschlechtsverkehr kann ein Kind entstehen, und aus Gottes Sicht ist es als Segen gedacht.

* Haben Sie ein Ja zu Kindern?

Glaube und Empfängnisregelung

1. Mose 1,28: »Und Gott segnete sie und gab ihnen den Auftrag: ›Seid fruchtbar und vermehrt euch, bevölkert die Erde und nehmt sie in Besitz.‹«

Für Christen stellt sich immer wieder die Frage, ob man überhaupt die Entstehung eines Kindes verhüten darf. Gilt der Auftrag Gottes aus der Bibel nicht auch noch uns? Woher nehmen wir uns die Freiheit, das Ausleben der Sexualität von der Entstehung eines Kindes abzukoppeln? Öffnet Gott nicht den Schoß einer Frau und verschließt ihn auch wieder? Ist er nicht der Herr über Fruchtbarkeit und Unfruchtbarkeit?

1. Samuel 1,5: »… weil er (Elkana, der Ehemann von Hanna) sie (Hanna) liebte und der Herr ihr keine Kinder geschenkt hatte.«

Malte und Anja wollten die Größe ihrer Familie Gott überlassen. Sie wandten keine Verhütung an. Anja wurde dreimal schwanger. Nach dem dritten Kind hätten sie sich gut vorstellen können, noch ein viertes Kind großzuziehen. Aber es trat nie wieder eine Schwangerschaft ein.

Viele würden das gerne so erleben wie Malte und Anja, aber nicht immer verschließt Gott den Schoß schon nach drei Kindern. Manchmal kommen vier Kinder Schlag auf Schlag und das Ehepaar erlebt, am Rande seiner Kräfte zu sein und es wäre wirklich unvernünftig, nicht auch über Empfängnisregelung nachzudenken. Gott sagt, dass die Männer vernünftig mit ihren Frauen zusammenleben sollen. Das beinhaltet für uns auch, dass man gemeinsam überlegt: Was können wir schaffen, sodass alle gut leben können und nicht permanent überfordert sind? Auch dafür gilt der Bibelvers, dass wir einander lieben sollen wie uns selbst. Wir haben auch für uns eine Verantwortung.

*1. Petrus 3,7: »Desgleichen ihr Männer, wohnt **vernünftig** mit ihnen zusammen und gebt dem weiblichen Geschlecht als dem schwächeren seine Ehre. Denn auch die Frauen sind Miterben der Gnade des Lebens und euer gemeinsames Gebet soll nicht behindert werden.« (Luther-Übersetzung)*

Markus und Friederike waren noch in der Ausbildung an verschiedenen Orten, als sie heirateten. Sie sahen sich oft nur am Wochenende, so entschlossen sie sich, bis zum Ende der Ausbildung zu verhüten, um den Berufsabschluss nicht zu gefährden. Danach wünschten sie sich Kinder, und Friederike wurde schwanger. Nach der Entbindung entschieden sie, da sie noch weitere Kinder haben wollten, nicht mehr zu verhüten, sondern die weitere Entwicklung ihrer Familie Gott zu überlassen. Nur drei Monate später wurde Friederike wieder schwanger. Diese Zeit mit zwei Kindern so kurz hintereinander brachte sie oft nahe an und über den Rand der Überforderung.

Für viele Christen ist Empfängnisverhütung ein schwieriges Problem, das oft auch in Ehen zu Uneinigkeit führt. Während der Eine keine grundsätzliche Frage darin sieht und es für ihn nur darum geht, welche Methode für die derzeitige Situation am angemessensten ist, überlegt sich der andere, ob er grundsätzlich überhaupt einer Verhütung zustimmen kann. Hier ist gegenseitige Sensibilität wichtig. Die Fragen sind nicht einfach mit Richtig oder Falsch zu beantworten. Gott hat in den Zyklus einer Frau fruchtbare und unfruchtbare Tage gelegt, sodass nicht immer ein Kind entstehen wird. Es ist gut, wenn wir lernen, die Zeichen des persönlichen Zyklus[26] einer Frau zu deuten. Für uns als Christen ist wichtig, dass wir nur Verhütungsmethoden anwenden, die keine abtreibenden Wirkungen haben.

Permanente Enthaltsamkeit in der Ehe wäre für uns keine gute Lösung. Auch in der Bibel wird davor gewarnt, weil es uns unnötig in Versuchung bringen kann.

1. Korinther 7,5: »Keiner soll sich dem anderen verweigern, es sei denn, beide Ehepartner beschließen übereinstimmend, sich für eine begrenzte Zeit sexuell zu enthalten, um sich noch intensiver dem Gebet widmen zu können. Danach kommt wieder zusammen, damit euch der Satan nicht in Versuchung führt«

In den Medien liest man immer wieder, dass Ehepaare keine Kinder bekommen können, obwohl sie sich sehnlichst welche wünschen und nicht verhüten.

Stefan und Marianne haben sich schon sehr früh kennengelernt. Da sie beide studierten und anschließend in zeit- und arbeitsintensive Berufe gingen, haben sie während dieser Zeit über viele Jahre verhütet. Nach Absetzen der Pille trat keine Schwangerschaft ein. Medizinische Untersuchungen ergaben keine organischen Ursachen für die Kinderlosigkeit. Besonders schmerzhaft traf sie die Information, dass nach jahrelanger Verhütung die Empfängnisbereitschaft deutlich herabgesetzt ist. Ihre Lebensplanung hätten sie sonst völlig anders gestaltet.

Zum einen diskutiert man, dass verschiedene Verhütungsmittel, die lange angewandt werden, dafür verantwortlich sein könnten, dass erst nach Monaten oder Jahren ein Kind entsteht oder auch überhaupt keine Schwangerschaft eintritt. Zum anderen kann es sein, dass die Unfruchtbarkeit durch aufsteigende Entzündungen der Ei- bzw. Samenleiter eingetreten ist. Die Entzündungen verursachen Verklebungen, sodass die Spermien die Eizelle nicht mehr erreichen können.

Früher war die Planbarkeit der Familiengröße schwer oder nur durch Enthaltsamkeit sicher möglich. Viele Kinder führten manchmal zu großer Not. Die Mehrbelastung und Überlastung war oft nur im Vertrauen auf Gottes Hilfe zu bewältigen. Aber immer wieder waren auch »ungeplante« Kinder ein großer Segen, oder sie waren mit besonderen Begabungen ausgestattet.

Die Bibel gibt uns häufig eine Richtschnur für unser Leben mit mehreren, zum Teil gegensätzlich und manchmal sogar widersprüchlich erscheinenden Versen. Sie stehen oft wie weit auseinanderstehende Pfosten einander gegenüber. Wenn wir nun nur eine dieser Anweisungen zu unserem Maßstab machen, so ist dies zwar grundsätzlich möglich, zwingt uns manchmal aber zu Kurskorrekturen. Schwierig wird es, wenn wir diesen Standpunkt, gegebenenfalls durch eigene Erfahrungen untermauert, zu einer allgemeinen Richtlinie auch für andere machen. Wichtig ist, dass die Bibel eine Fülle von unterschiedlichen Lebensentwürfen in einem Spannungsfeld zwischen zwei Polen ermöglicht und Ehepaare in eine große diesbezügliche Freiheit führt.

Gottes Rat

Welche Hilfen für ein liebevolles Miteinander zeigt uns die Bibel auf?

Den anderen als Geschenk achten
»*Liebe deinen Nächsten wie dich selbst*« *(Matthäus 22,39)* drückt aus, dass man mit dem anderen so umgehen sollte, wie man selbst gerne behandelt werden möchte.

Liebe deinen Partner wie dich selbst, ist eine Lebensaufgabe und beinhaltet zwei Aufgaben: sich selbst und den anderen kennen- und lieben zu lernen. Nur wenn Sie sich mögen und annehmen, werden Sie sich als Geschenk empfinden, Wünsche äußern und auch Grenzen setzen.

Und nur wenn Sie Ihren Ehepartner lieben, wird Ihre Ehe erfüllt werden. In jeder Ehe geht manchmal die Liebe verloren – manchmal schleichend, manchmal schlagartig. Wir konnten uns eine solche Situation nur schwer für unsere Ehe vorstellen, aber jeder von uns war schon an dem Punkt zu sagen: »*Ich habe keine Liebe mehr für diese Frau / diesen Mann. Gott, du bist Liebe, du hast unendlich viel davon, gib mir neue Liebe für Ute / Thomas. Ich kapituliere. Aus mir heraus ist keine Liebe mehr da. Ich brauche deine Hilfe.*« Und Gott ist treu. Er hat das Gebet immer wieder beantwortet. Probieren Sie es aus! Wie gut, wenn man dann die Quelle kennt, die immer gerne neue Liebe gibt.

Liebe für die Frau, Ehre für den Mann

Im Epheserbrief gibt es einen Abschnitt über die Ehe, in der der Mann an drei Stellen aufgefordert wird, seine Ehefrau zu lieben.

Epheser 5,25. 28. 33: Ihr Männer, liebet eure Frauen.

Warum ist das so? Es scheint Gott wichtig zu sein, wenn er es dreimal sagt. Beobachtet man Ehen und fragt Ehefrauen, hört man oft: »Mein Mann bewundert, wie ich mit den Kindern umgehe, wie ich, ohne Fieber zu messen, sehe, dass das Kind krank ist, wie ich Schmerzen aushalte und das Haus schmücke. Aber er kann mir seine Liebe nicht so zeigen, dass ich mich geliebt fühle. Er stillt nicht meine Bedürfnisse, obwohl ich ihm immer wieder sage, was mir wichtig ist.« Die eigene Frau dauerhaft zu lieben, ist nicht selbstverständlich. Es erfordert immer wieder eine neue Entscheidung.

Und was steht für die Frau da?

Epheser 5,33: Die Frau achte und respektiere ihren Mann.

Frauen haben eine große Liebesfähigkeit. Sie bleiben bei Männern, obwohl sie betrogen und geschlagen werden. Sie pflegen kranke Männer und ertragen alkoholkranke Männer. Warum? Weil sie sie lieben! Andererseits haben sie große Mühe, Männer allgemein und speziell ihren Ehemann zu achten, ihm Wertschätzung zu geben.

So darf jeder etwas anderes lernen.

Fragen für den Mann:

* Fühlen Sie sich als Mann geachtet? Woran merken Sie es?
* In welchen Bereichen wünschen Sie sich mehr Wertschätzung?
* Ist Ihnen bewusst, dass die Frau zu lieben mehr ist als nur ein häufig wiederkehrendes Lippenbekenntnis?

Fragen für die Frau:

* Fühlen Sie sich als Frau geliebt? Woran merken Sie es?
* Wo wünschen Sie sich mehr Liebe?
* Achten Sie Ihren Mann? Wie drückt sich das aus?

Treu sein

In *Sprüche 4,23* bittet Gott uns, auf unser Herz aufzupassen, es zu schützen. Das ist unsere Aufgabe. Wir dürfen und müssen Grenzen setzen, uns nicht in Situationen begeben, die unsere Ehe gefährden, auch wenn die Gefühle noch so stark sind.

> Sie sind der Autor der Liebesgeschichte Ihres Lebens.

Sprüche 4,23: »Vor allem aber behüte dein Herz, denn dein Herz beeinflusst dein ganzes Leben.«

Überlegen Sie vorher, wie Sie reagieren wollen, wenn Sie Ihr attraktiver Kollege zu einer Tasse Kaffee oder ins Kino einlädt. Sie können nicht erwarten, dass der andere Ihre Ehe schützt.

Viele probieren, wie weit sie gehen können. In der Situation der Versuchung sind die Gefühle oft stark. Dann sagt man: »Ich konnte nicht anders, ich bin hineingeschlittert.« Deshalb ist es wichtig, sich vorher Gedanken zu machen.

Gott ist Treue ganz wichtig, und er hasst Ehebruch.

2. Mose 20,14: »Du sollst nicht die Ehe brechen.«

Die Ehe ist Gott heilig. Laut Maleachi nimmt Gott die Opfer nicht an, weil er so wütend über die Treulosigkeit in den Ehen ist.

Maleachi 2,13–16: »Und noch etwas werfe ich euch vor: Ihr bedeckt den Altar des Herrn mit Tränen. Ihr weint und jammert, weil er von euren Opfern nichts wissen will und sie aus eurer Hand nicht wohlwollend annimmt. Ihr fragt: ›Warum?‹ Weil der Herr Zeuge war zwischen dir und der Frau deiner Jugend. **Doch du bliebst ihr nicht treu, obwohl sie deine Lebensgefährtin war, mit der du den Bund geschlossen hast.** *Niemand, in dem noch ein Rest des Geistes war, handelte so. Sondern er soll Nachkommen hervorbringen, die zu Gott gehören. Hüte dich deshalb bei deinem Leben und* **brich der Frau deiner Jugend nicht die Treue.** *›Denn ich hasse die Scheidung!‹, spricht der Herr, der Gott Israels.«*

In den Sprüchen lesen wir viele Warnungen vor Ehebruch. Wir sollten es uns zu Herzen nehmen. Besonders in der heutigen Zeit, wo man uns denken lässt, dass Ehebruch etwas Normales ist.

Sprüche 5,3–4: »Die Lippen einer fremden Frau sind süß wie Honig, ihr Mund ist sanfter als Öl. Doch am Ende ist sie bitter wie Gift und scharf wie ein zweischneidiges Schwert.«

Sprüche 5,15–16: »Trink Wasser aus deinem eigenen Brunnen – liebe nur deine eigene Ehefrau. Warum solltest du das Wasser deiner Quelle nach draußen vergießen und dich mit anderen Frauen einlassen?«

Sprüche 5,18: »Deine Frau soll gesegnet sein. Freue dich an ihr, die du geheiratet hast, als du jung warst.«

Einen Bund mit deinen Augen schließen

Über Hiob lesen wir in *Hiob 31,1 ff.*, dass er sich dazu verpflichtet hat, keine Frau als Lustobjekt anzuschauen.

Hiob 31,1-2: »Ich habe einen Bund mit meinen Augen geschlossen, dass ich keine Jungfrau mit begehrlichem Blick anschauen will. Welchen Lohn würde mir Gott in der Höhe sonst geben?«

* Haben Sie schon einen Bund mit Ihren Augen gemacht?

Besonders als Mann ist es für Ihre Ehe überlebenswichtig, dass Sie den Bund schließen, sich nur von Ihrer Frau erregen zu lassen. Männer werden durch das, was sie sehen, erregt.

An jeder Plakatwand, in vielen Zeitschriften und Kinofilmen wird Sexualität angepriesen, und ohne diese feste Entscheidung im Herzen, Verantwortung für das zu übernehmen, was ich sehe, kann es nur schwer gelingen, Ehe nach Gottes Vorstellungen zu leben.

Die richtige Einstellung zur Selbstbefriedigung bekommen

Selbstbefriedigung ist ein großes Thema – nicht nur unter Männern und Jugendlichen. Damit verbunden ist oft eine große Not, besonders unter denen, die es eigentlich nicht machen wollen, es aber auch nicht schaffen, davon loszukommen. Wieder andere gehen ganz locker mit dem Thema um, nach dem Motto: »Das machen doch alle. Was soll da schon Schlechtes dran sein?« Geschieht Selbstbefriedigung gelegentlich oder vorübergehend, fällt sie bestimmt nicht unter den Begriff Sünde. Aber man sollte sich vor Augen führen, dass die Sexualität von ihrem Wesen her auf ein Du ausgerichtet ist und nicht auf das Ich. Außerdem zeigt die Erfahrung, dass jahrelang ausgeübte Selbstbefriedigung oft mit in die Ehe genommen wird und sie letztendlich der sexuellen Zweisamkeit beraubt. Viele Ehepartner werben nicht mehr umeinander, sondern ziehen sich nach dem Motto zurück: Wenn du mir nicht gibst, was ich brauche, mache ich es mir eben selbst. Man könnte sagen, dass permanente Selbstbefriedigung vom ursprünglichen Plan der Sexualität her Zielverfehlung ist.

Maria erzählt: »Mein Mann fuhr für zwei Wochen auf Montage. Ich habe jeden Tag gezählt und mir alle sexuellen Gefühle für den Moment aufgehoben, an dem wir wieder beieinander waren. Als er dann endlich nach Hause kam, hatte ich ein leckeres Abendessen zubereitet und freute mich auf den gemeinsamen Abend. Aber er schien gar kein Bedürfnis nach sexueller Vereinigung zu haben. Auf meine Frage hin, wie das denn sein könne, meinte er nur: ›Ich habe mich immer wieder selbst befriedigt.‹ Durch meine Tränen verstand er, dass er uns einen wichtigen Ausdruck der Liebe weggenommen hatte.«

Das Wort Selbstbefriedigung findet man so nicht direkt in der Bibel, aber zwei Bibelstellen sprechen indirekt davon:

Im *Judasbrief, Vers 8* wird von Männern gesprochen: »*Träumer, die ihr Fleisch beflecken*« (Luther-Übersetzung).

Sicher sind hier keine nächtlichen Samenergüsse gemeint, die während der Pubertät und später auftreten, sondern Samenergüsse, die dadurch entstehen, dass man sich tagsüber mit sexuellen Fantasien beschäftigt hat. In Träumen verarbeiten wir oft, was wir tagsüber erleben, sehen und uns vorstellen. In den Apokryphen steht:

Sirach 23,17-18: »Ein Mensch, der am eigenen Leibe unzüchtig ist, hört nicht auf, bis das Feuer ausgebrannt ist. Der Mann, der auf seinem Lager sündigt, denkt bei sich: ›Wer sieht mich?‹ Dunkel hüllt mich ein, und die Wände verbergen mich, niemand bemerkt mich, was trage ich Bedenken, zu sündigen?« (Herder-Übersetzung)

Andere Bibelstellen kann man noch mit einbeziehen, bei denen auf die Gedanken- und Fantasiewelt als Auslöser und den suchtartigen Charakter der Selbstbefriedigung eingegangen wird.

Selbstbefriedigung geht oft mit Fantasien einher

In *Matthäus 5,28* steht: *»Wer eine Frau auch nur mit einem Blick der Begierde ansieht, hat im Herzen schon mit ihr die Ehe gebrochen.«*

Dies zeigt mir, dass Sexualität sehr viel mit Fantasien und Gedanken zu tun hat. Ich glaube, dass es kaum Selbstbefriedigung ohne Fantasien gibt. Gott möchte aber nicht, dass wir uns durch andere Dinge als durch unseren Ehepartner erregen lassen. Wenn Sie sich Filme und Zeitschriften mit pornografischem Inhalt ansehen, um sich hinterher oder dabei selbst zu befriedigen, ist das nach meiner Meinung nicht im Sinne Gottes. Ich kann mir nur schwer vorstellen, dass Gott sich darüber freut, wenn wir anderen beim Geschlechtsverkehr zuschauen und uns dadurch erregen lassen. Geschlechtsverkehr heißt auch Intimverkehr. Intim heißt verborgen, geheim, eine Art der Liebe, die nur zwei Menschen gehört. Es ist wichtig, die Verantwortung für das zu übernehmen, was man sich ansieht.

Treffen Sie heute die Entscheidung, sich nur durch Ihren Ehepartner erregen zu lassen.

Selbstbefriedigung kann suchtartigen Charakter haben

In *2. Petrus 2,19* lesen wir: *»Denn wovon man sich beherrschen lässt, dessen Sklave ist man.«*

Selbstbefriedigung hat oft einen suchtartigen Charakter. Man befriedigt sich immer öfter, und es mündet darin, dass man nicht mehr ohne sie sein kann. Man flieht unter Druck oder bei Versagen in die sexuellen Gefühle. Spätestens dann sollten Sie sich fragen: *»Möchte ich über meine Sexualität regieren oder sollen die sexuellen Bedürfnisse das Sagen haben?«* Sie haben die Wahl! Zu viele Menschen geben sich in die Abhängigkeit von Nikotin, Alkohol, Drogen und Sexualität. Sie merken gar nicht, wie sie langsam, aber sicher ihre Freiheit verlieren. Freiheit ist ein kostbares Gut, und wir sollten sie nicht leichtfertig aus der Hand geben.

* Warum praktizieren Sie Selbstbefriedigung?
* Sind Sie abhängig?
* Welche Situationen führen bei Ihnen dazu, dass Sie sich selbst befriedigen?

Wenn Sie erkannt haben, wie Selbstbefriedigung Ihre Ehe beraubt, und Sie davon loskommen wollen, könnten Sie folgendermaßen beten: *»Vater im Himmel, ich bekenne dir, dass mich meine sexuellen Begierden immer wieder dazu drängen, mich selbst zu befriedigen, auch wenn ich es gar nicht will. Es tut mir leid, dass ich die Selbstbefriedigung oft nutze, um zu fliehen und Stress abzubauen. Bitte vergib, dass ich die sexuellen Bedürfnisse oft selbst auslöse, dadurch, dass ich mir pornografische Schriften und Filme ansehe, und dass ich abhängig geworden bin. Ich löse mich im Namen von Jesus von der Selbstbefriedigung.«*

Trennen Sie sich von pornografischem Material und überlegen Sie sich andere Wege, Frustrationen und Stress abzubauen. Suchtartige Selbstbefriedigung entwickelt sich oft auf
dem Boden von Minderwertigkeitsgefühlen. Entdecken Sie
Ihre Gaben, Stärken und Ihren Wert! Seien Sie nicht entmutigt,
wenn Sie nicht von heute auf morgen ohne Selbstbefriedigung leben können. Jeder Tag bringt eine neue Chance, und
eines Tages haben Sie es unter den Füßen.

*Als Max in Epheser 5,12–14 las, dass Menschen vieles im Verbor-
genen tun, was Gott missfällt, und er Licht darauf scheinen lassen
will, beschloss er, seine Selbstbefriedigung jedes Mal seiner Frau zu
bekennen. Er bat sie um Vergebung und um Hilfe durch Gebet. Es
fiel eine riesige Last von ihm ab, und es dauerte nicht lange, bis er
wirklich frei wurde.*

Am besten suchen Sie sich einen Menschen, dem Sie vertrauen
und den Sie in Ihr Vorhaben einweihen. Vielleicht macht er
sogar mit.

*Zwei Freunde haben miteinander einen Vertrag gemacht, da sie
beide von der Selbstbefriedigung frei werden wollten. Zum einen
versprachen sie sich gegenseitig, es dem anderen jedes Mal zu sagen,
wenn es wieder passiert war, und zum anderen mussten sie 50 € pro
Selbstbefriedigung in eine gemeinsame Kasse zahlen, von der sie
dann zusammen etwas unternehmen wollten. Für die beiden war
es ein guter Weg.*

Sexuelle Liebe vorübergehend einschlafen lassen

In jeder Ehe gibt es Phasen, in denen man die Sexualität nicht
ausleben kann. Es mögen Zeiten der Krankheit, der berufsbe-
dingten Abwesenheit oder einer Schwangerschaft sein. Das
können auch schon mal mehrere Monate sein.

* Kennen Sie solche Durststrecken?
* Wie gehen Sie dann mit sexuellen Fantasien, Sehnsüchten, Wünschen und Bedürfnissen um?

Im Hohen Lied der Liebe lesen wir, dass man Liebe aufwecken kann.

Hohelied 8,4 (vgl. 2,7; 3,5): »Ich beschwöre euch, ihr Töchter Jerusalems, dass ihr die Liebe nicht aufweckt und nicht stört, bis es ihr selbst gefällt.« (Luther-Übersetzung)

Wenn man etwas aufwecken kann, kann man es auch wieder einschlafen lassen. Wenn ich heute Witwe würde, wäre mein erstes Gebet: »*Vater im Himmel, ich bitte dich, dass du meine Sexualität wieder einschlafen lässt, für immer oder bis zu dem Tag, an dem ich wieder heiraten werde.*« Es ist ein sehr gutes Gefühl, wenn ich meine Wünsche im Griff habe, und es ist oft demütigend, wenn es nicht der Fall ist.

Anne erzählte mir, dass sie obige Ausführungen auf einer Kassette gehört hätte. Kurz darauf sei ihr Mann beruflich für sechs Monate nach Saudi-Arabien geschickt worden. Sie habe nicht gewusst, wie sie das als junges Ehepaar hätten überstehen können. Ihr Mann sei kein Christ, und so hätte sie einfach für sie beide gebetet: »Jesus, ich bitte dich, lass unsere Sexualität für die vor uns liegende Zeit einschlafen. Bitte bewahre uns vor Versuchungen und hilf uns dabei, treu zu sein.« Ein halbes Jahr später wäre ihr Mann zurückgekehrt und hätte gesagt: »Ich verstehe es selbst nicht, aber ich hatte überhaupt keine Not damit, sechs Monate enthaltsam zu leben. Noch nicht mal Selbstbefriedigung war ein Thema.« Überglücklich berichtete ihm Anne, dass es ihr genauso gegangen wäre. »Gott erhört Gebet!«, schloss sie ihren Bericht. »Danke, dass Sie das damals gesagt haben.«

Unsere persönliche Geschichte

Wir hatten uns mit Anfang 20 beim gemeinsamen Medizinstudium kennengelernt. Zunächst wohnte jeder in seinem Zimmer ca. zehn Kilometer voneinander entfernt. Doch nach einem Jahr zogen wir in zwei nebeneinander liegende möblierte Zimmer einer Studentenwohngemeinschaft und teilten miteinander Tisch und Bett. Wir heirateten drei Jahre später noch innerhalb des Studiums mit der Vorstellung, eine Familie mit zwei Kindern und eine Doppelarztpraxis zu gründen.

Am Anfang der Facharztausbildung wurden unsere Pläne durch eine schwere Herzmuskelentzündung von Ute, die sie für mehrere Monate leistungsunfähig machte, durchkreuzt.

Durch diese Krise bedingt suchte Ute mit 27 Jahren nach dem Sinn des Lebens. Sie wollte Antwort auf die Frage finden, ob sie auch ohne Arztberuf und als kranker Mensch einen Wert hatte und wer ihn ihr gab.

Wir waren beide in christlichen Elternhäusern unterschiedlicher Konfessionen aufgewachsen und hatten im Studium, bedingt durch die Schwierigkeiten, eine gemeinsame Basis zu finden, den Glauben auf die Seite geschoben. In dieser Situation war es besonders für Ute sehr wichtig, sich neu der Frage zu stellen, ob es Gott gibt. So kam sie in Kontakt mit Menschen, die ihr glaubhaft vorlebten, dass der Gott der Bibel auch heute noch erfahrbar ist.

Zwei Jahre später fuhren wir auf eine christliche Tagung. Dort hörten wir in einem Vortrag, dass Gott die Sexualität für die Ehe geschaffen hätte. Als aufgeklärte Menschen der Moderne und Ärzte konnten wir das nicht nachvollziehen und diskutierten intensiv mit dem Referenten.

Durch viele der übrigen Vorträge waren wir sehr angesprochen. Obwohl wir nicht alles nachvollziehen konnten, entschieden wir uns am Ende der Tagung dazu, als Christen bewusst leben zu wollen und die Bibel als Maßstab für unser Leben anerkennen zu wollen. Wir waren damals 28 bzw. 29 Jahre alt.

Das Thema Sexualität beschäftigte uns weiterhin. Mittlerweile hatten wir beide das tiefe Bedürfnis, dass Gott unsere Sexualität heiligt und reinigt. Uns war ziemlich schnell klar geworden, dass der Referent damals recht gehabt hatte.

So kam der Tag, an dem Thomas, angesprochen von dem Bibelvers

> *1. Korinther 7,5: »Keiner soll sich dem anderen verweigern, es sei denn, beide Ehepartner beschließen übereinstimmend, sich für eine begrenzte Zeit sexuell zu enthalten, um sich noch intensiver dem Gebet widmen zu können. Danach kommt wieder zusammen, damit euch der Satan nicht in Versuchung führt, weil ihr euch nicht beherrschen könnt.«*

den Vorschlag machte: »Wollen wir nicht eine Zeit lang auf das Praktizieren unserer Sexualität verzichten und die Zeit dafür nutzen, zu beten und in der Bibel zu studieren?«

Ute war einverstanden, und so beteten wir: »*Jesus Christus, uns ist beiden klar geworden, dass wir vor unserer Ehe schon miteinander geschlafen haben und dass du einen anderen Plan für uns gehabt hättest. Es tut uns leid. Bitte vergib uns. Wir bitten dich, reinige uns, heilige uns, heile die gegenseitigen Verletzungen, die wir uns dadurch zugefügt haben. Als Zeichen dafür, dass es uns ganz ernst ist, legen wir dir heute unsere Sexualität auf den Altar. Wir wollen erst wieder miteinander eins werden, wenn wir beide den Eindruck haben, dass die Zeit der Enthaltsamkeit vorbei ist.*«

Mein Mann schaute mich an und fragte: »Was wäre, wenn wir nie wieder miteinander schlafen würden?«

* Haben Sie auch das Bedürfnis nach einer gereinigten und geheiligten Sexualität?

Mithilfe einer Konkordanz fingen wir an, Bibelstellen über Sexualität wie Erkennen, Ein-Fleisch-werden, Ehebruch und

Unzucht nachzuschlagen. Wir diskutierten miteinander und mit anderen Christen. Es war eine spannende Zeit.

Wir machen Ihnen Mut: »Lesen Sie gemeinsam oder allein in der Bibel, studieren Sie, was Gott über Sexualität schreibt!«

In der folgenden Zeit wuchs unsere Liebe und Achtung für den anderen. Es wurde eine sehr kostbare Zeit für uns beide. Wir waren sehr ehrlich miteinander.

Und dann erlebten wir etwas, was wir nie vergessen werden. Wir waren auf einem christlichen Kongress, als eine Frau ans Mikrofon ging und folgende Botschaft hatte: *»Unter uns ist ein Ehepaar, das einen tiefen Wunsch in sich trägt, seine Sexualität von Gott heiligen zu lassen. Ich sage euch, dass euer Wunsch erfüllt ist. Und damit Ihr wisst, dass Ihr gemeint seid, sagt Gott zu euch: Die Frau hat ein schwarzes T-Shirt mit zwei Knöpfen.«* Man hätte eine Stecknadel im Saal fallen lassen hören. Uns wurde heiß und kalt. Wir schauten uns mit fragendem Blick an und konnten noch gar nicht glauben, was unsere Ohren gerade gehört hatten. Waren wir damit gemeint? Hatte Ute wirklich ein schwarzes T-Shirt mit zwei Knöpfen? Sie wusste es nicht. Nach der Veranstaltung suchten wir die Frau und fragten: »Sind wir gemeint?« Sie nickte. Zwei Tage später waren wir wieder zu Hause und Ute durchsuchte ihren Kleiderschrank nach dem T-Shirt. Mit etwas zittrigen Händen hielt sie es schließlich in den Händen. Sie hatte eins und … es hatte zwei Knöpfe, wie seltsam, nur zwei Knöpfe. Sie konnte es kaum glauben.

Vor acht Monaten hatten wir Gott gebeten, unsere Sexualität zu reinigen, und jetzt ließ er uns ausrichten, dass es vollbracht sei. Wir waren überwältigt.

Das erste Mal nach acht Monaten fühlte sich an wie eine Hochzeitsnacht, und plötzlich wurde uns klar, dass wir eine Art Verlobungszeit, nachgeholt hatten. Verlobt sein heißt: Wir gehören schon zusammen, wir stehen kurz vor der Ehe, aber wir schlafen noch nicht miteinander.

Gott hatte uns mit sich und miteinander versöhnt. Dann zogen wir Bilanz.

Was war in den letzten acht Monaten geschehen?

Thomas

1. Ich habe die Verantwortung für meine Sexualität übernommen.
Früher war ich immer unter Druck. Die Sexualität hatte mich fest im Griff. Diesen Druck gab ich an meine Frau weiter und sagte: »Wenn du nicht mit mir schläfst, dann bist du dafür verantwortlich, wenn ich empfänglich werde für das Werben einer anderen Frau.« Heute tut mir das leid. In den acht Monaten habe ich gelernt, dass ich die Verantwortung für meine Sexualität selbst übernehmen muss.

2. Man kann ohne Ausüben der Sexualität leben.
Ich hätte nie gedacht, dass ich so eine lange Zeit mit meiner attraktiven Frau ein Zimmer teilen könnte, ohne mit ihr schlafen zu müssen. Nun habe ich erlebt, dass Gott alle sexuellen Gefühle einschlafen lassen kann. Absolut beeindruckend war für mich, dass ich während der ganzen Zeit keinen nächtlichen Samenerguss hatte. Früher hatte ich immer argumentiert, dass man einen Samenstau bekommen müsste, wenn man nicht mit jemandem schläft oder sich wenigstens selbst befriedigt. Auch mein Reden von dem zwingenden Bedürfnis, das gestillt werden müsse wie Hunger und Durst, schien nicht zu stimmen. Gott hat mein ganzes Denken verändert. Er ist der Herr über die Sexualität geworden. Gleichzeitig habe ich mich absolut frei erlebt. Ich hätte zu jeder Zeit mit Ute schlafen können. Aber ich hatte mich anders entschieden. Diese Zeit habe ich als tiefe, einprägsame und freiwillige Erfahrung erlebt.

Fragen an den Mann:

* Setzen Sie Ihre Frau unter Druck?
* Sind Sie Herr über Ihre Sexualität?

Ute

1. Sexuelle Gefühle werden überdeckt.

Für mich war wohl genau die umgekehrte Erfahrung notwendig. Ich hatte nach einigen Ehejahren und der Geburt von drei Kindern das Gefühl, dass man auch ohne Sexualität ganz glücklich leben könnte. Außerdem erlebte ich so gut wie nie mehr ein echtes Bedürfnis nach Sexualität. Zum einen, weil ich durch die kleinen Kinder immer ziemlich erschöpft war, und zum anderen, weil mein Mann immer häufiger mit mir schlafen wollte als ich. In den acht Monaten erlebte ich an mir sexuelle Sehnsüchte und Wünsche, die ich schon lange nicht mehr gespürt hatte. Eine längere oder sogar lebenslange Enthaltsamkeit konnte und wollte ich mir nicht mehr vorstellen.

2. Sexualität bekommt den richtigen Stellenwert.

Für mich war das wertvollste Geschenk die Erfahrung, dass Thomas mich auch liebte, wenn ich nicht mit ihm schlief. Früher war es oft so gewesen, dass er, gerade zurück von einer Reise, sofort mit mir schlafen wollte, während ich erst einmal ein Gespräch mit ihm brauchte. Nun konnten wir stundenlang reden und ich spürte: »Ich bin wertvoll, auch wenn wir nicht miteinander schlafen.« Diese Erfahrung war für mich als Frau ganz wichtig und hat eine neue Tiefe und Liebe in unsere Ehe gebracht.

Fragen an die Frau:

* Fühlen Sie sich von Ihrem Mann geliebt, auch wenn Sie nicht mit ihm schlafen?
* Sind Sie oft zu müde für Sex?

Nach dieser Erfahrung mit Enthaltsamkeit habe ich meinem Mann eines Tages zu seinem Geburtstag ein besonderes Geschenk gemacht. Ich versprach ihm, vier Wochen lang mit ihm zu schlafen, wann immer er wolle. Wenn ich bei einem Seminar auf einem Frauenwochenende so etwas hin und wieder mal sage, dann halten viele Frauen den Atem an oder es kommt der Kommentar: »Nein, das könnte ich nicht.« Probieren Sie es aus! Es ist anders, als Sie erwarten. Mein Mann fand den Gedanken bestechend, freute sich riesig, und ich stellte fest, dass er gar nicht öfter als zweimal die Woche mit mir schlafen wollte. Das hätte ich nicht gedacht. Vielleicht denken Sie jetzt: »Das geht mir einen Schritt zu weit. Das kann man nicht erwarten.« Ich muss vielleicht einschränken, dass ich vorher mit ihm ausgemacht habe, dass er mir vom Aussprechen des Wunsches bis zum Einswerden eine Vorbereitung lässt. In der Vorbereitung habe ich gebetet: »*Jesus Christus, Sexualität war deine Idee. Bitte schenke mir sexuelle Gefühle. Segne unseren Geschlechtsverkehr. Ich möchte das Geheimnis erleben, das du in unsere Ehe gelegt hast. Segne meinen Mann. Lass mich attraktiv für ihn sein.*« Und Gott ist treu. Er erhört Gebet.

Vielleicht noch ein Gedanke zum obigen Bibelvers, dass wir uns nur für eine gewisse Zeit und für einen gewissen Zweck enthalten sollen, damit wir nicht in Versuchung fallen.

Wir schlafen oft ganz bewusst vor einer mehrtägigen Reise, die nur einer von uns beiden antritt, miteinander, um leichter treu sein zu können.

Für Heilung beten

Martin will Anja heiraten. Bisher weiß er noch nicht, dass Anja als Kind mehrmals sexuell missbraucht wurde. Eines Tages überwindet Anja ihre Angst, es Martin zu sagen. Sie kann kaum glauben, was ihre Ohren hören, und ist von seiner Reaktion total überwältigt. »Ich liebe dich, Anja. Wir werden gemeinsam den Weg deiner Heilung gehen. Und wenn es bedeutet, dass ich nie mit dir schlafen kann. Lass uns ehrlich miteinander sein. Wir haben ein Leben lang Zeit, Liebe zu lernen.«

In manchen Beziehungen braucht es eine Extraportion an selbstloser Liebe. Wie kann ich sonst ertragen, dass andere Männer meine Frau so verletzt haben, dass sie uns unserer Intimität beraubt haben?

* Können Sie der Person vergeben, die Ihren Partner sexuell missbraucht hat?
* Können Sie die Not Ihres Partners sehen und ihn in seiner Verletztheit trösten?
* Wie gehen Sie mit Ihrer Enttäuschung um?

Martin nahm allen Druck von Anja. Es war ihm ernst und sie spürte es. Er liebte sie um ihrer selbst willen. So konnte Anja sich ihm anvertrauen. Sie musste nichts leisten und konnte ehrlich sein. Gleichzeitig suchte Anja Seelsorger auf, die bereit waren, sie den längeren Weg der Heilung zu begleiten. Immer wieder bat sie Gott im Gebet allein und mit Martin um vollständige Heilung.

Ich habe schon von mehreren Männern gehört, die ihre Frauen so geliebt haben, dass durch ihre Geduld, Zärtlichkeit und Liebe das, was andere Männer zerstört haben, wieder langsam geheilt werden konnte.

Anja und Martin haben es geschafft. Sie sind mittlerweile glückliche Eltern von zwei Kindern.

Zu geben ohne zu fordern ist aber nur möglich, wenn ich loslassen kann und meine Liebe ganz auf den anderen ausrichte. Wie gut, wenn man Jesus Christus als Sohn Gottes kennengelernt hat und von ihm immer wieder neue Liebe, Geduld und Vergebungsbereitschaft geschenkt bekommt. Er ist unser großes Vorbild, der uns vorlebte, was Vergebung ist und wie man Feinde lieben kann. Wir müssen lernen, zwischen dem Täter und der Tat zu unterscheiden. Der Mensch, der Kinder missbraucht, ist oft auch früher Opfer gewesen und hat selbst auch unerfüllte Bedürfnisse und Liebesmangel. Gott liebt ihn genauso wie mich. Aber die Tat des sexuellen Missbrauchs ist aufs Schärfste zu verurteilen und muss auch bestraft werden. Wir müssen die Konsequenzen für unser Handeln tragen, auch wenn uns vergeben wurde. Um Ihrer selbst willen bitten wir Sie: Willigen Sie in den Prozess des Vergebens ein, damit Ihr Leben erfüllt wird, und bitten Sie Gott um Heilung.

6. Kapitel
Gefährliche Decken

Medien und Zeitgeist prägen die Welt, in der wir leben. Sie beeinflussen unser Denken, Fühlen und Handeln oft mehr, als wir wahrnehmen und glauben. Inwieweit spüren Sie schon die verschiedenen »Decken« auf Ihrer Beziehung? Machen Sie sich die Wertevermittlung der Gesellschaft bewusst, denn nur so sind Sie in der Lage, sich für oder gegen die Beeinflussung zu entscheiden.

Die Freiheitsdecke

Offene Ehe

Die sogenannte 68er-Revolution war eine Studentenbewegung, die Traditionen über Bord warf und die Ehe für altmodisch erklärte. Kommunen entstanden. Offene Ehe, antiautoritäre Erziehung und freie Sexualität waren Schlagworte dieser Zeit. Man probierte Ehe aus, lebte einfach so zusammen und glaubte, dass die sexuelle Freiheit die Erfüllung aller Wünsche sei. Treue war überholt, man schlief, mit wem man wollte. Keiner fühlte sich eingeengt, und da 1960 die erste Antibabypille auf den Markt kam, musste man nicht befürchten, schwanger zu werden. Selbst wenn man schwanger wurde, war das dann ab 1975 auch kein Problem mehr, da man nun bis zum 3. Schwangerschaftsmonat ein Kind abtreiben lassen konnte, ohne bestraft zu werden. In aller Munde war das Motto der emanzipierten Frauen: »Mein Bauch gehört mir.«

Heutzutage, 40 Jahre später, wissen wir, dass die offene Ehe viele Menschen verletzt hat.

Ehe ohne Trauschein

Und trotzdem leben die Gedanken der 68er weiter in uns und unserer Gesellschaft. Die Kinder der 68er wurden zur scheinbaren Freiheit antiautoritär erzogen. Man sollte nur noch sich selbst Rechenschaft ablegen. Und so förderten sie auch »Ehen« ohne Trauschein.

Ist der Ehebund wirklich nicht mit Selbstverwirklichung vereinbar? Suchen wir nicht beides, Freiheit und Zugehörigkeit?

Wenn man heute junge Menschen nach ihren Wünschen bezüglich Partnerschaft fragt, hört man meistens, dass sie sich verlässliche, treue Menschen an ihrer Seite wünschen. Aber dieser Wunsch ist verbunden mit einer Bindungsangst. Deshalb lebt man lieber unverheiratet zusammen. Den jungen Leuten fehlt das feste Fundament, es schaffen zu können, da ihre Augen wenige Vorbilder für gute Ehen haben. Sie hören eher von Lebensabschnittspartnern und dass Ehe ein Auslaufmodell sei.

Teenagersex

Wie sind Sie erzogen worden? Wurden Sie noch dazu ermutigt, mit dem Ausüben der Sexualität bis zum Erwachsenenalter oder sogar bis zur Ehe zu warten? Oder waren Ihre Eltern auch der Meinung, dass Jugendliche ihrem eigenen Fahrplan folgen sollten und selbst wüssten, was für sie gut ist und wann sie mit dem Intimverkehr beginnen sollten?

Viele geben auch die Aufklärungsarbeit ganz in die Hände der Schulen, die aber meistens nur die Verhütungsmethoden erklären und sich nicht dazu in der Lage sehen, die ethischen Grundlagen zu vermitteln. Das sei immer noch Aufgabe der Eltern.

Sex von Anfang an

Die Werbung tut das ihrige, um uns vorzugaukeln, dass Sex vom ersten Tag der Freundschaft mit dazugehört.

»Willst du mit mir gehen?«, wird auf einem Plakat zur Reihe »Gib AIDS keine Chance« gefragt. Und dann sieht man drei unterschiedliche Kästchen. Die linken zwei sind mit Kondomen unterschiedlicher Farbe gefüllt und das rechte Kästchen ist leer. Darunter steht: »Ja, Vielleicht, Nein.«

Wenn ein Mann zum ersten Mal eine Frau fragt, ob sie sich mal treffen könnten, beginnt eine Zeit des Kennenlernens. Durch die Werbung wird aber signalisiert, dass der Mann gleich beim ersten Rendezvous mit ihr ins Bett gehen möchte. Sollten Erwachsene nicht verantwortungsvoller mit Werbung umgehen?

Die Hobbydecke

Viele Menschen genießen die Sexualität heutzutage als Hobby. Wie bei allen Hobbys zählt nur noch die Erfahrung, die als Reife gewertet wird. Man lebt in einer mehr oder weniger langen Beziehung, hat Sex mit wechselnden Partnern oder Gruppensex. Sex muss Spaß machen. Besonders unter jungen Leuten entstehen so Wettbewerbe, wer mit möglichst vielen verschiedenen Partnern geschlafen oder gar möglichst verschiedene Techniken des Beischlafes praktiziert hat. Das, was in dieser Haltung entsteht, ist neben der Aufspaltung von Körper und Seele eine zunehmende Bindungs- und Beziehungslosigkeit.

Wenn Menschen Lust auf Sex haben, suchen sie sich den dazu passenden Menschen. Mit ein bisschen Alkohol und in bestimmten Lokalen findet man immer wieder Personen, die zu einem One-Night-Stand bereit sind – auch ohne Geld. Sie leben ihre Lust aus, haben ihren Spaß und gehen wieder auseinander. Die Körper sind sich begegnet. Ein junger Student sagte dazu: »Das geht so lange gut, bis einer von beiden Gefühle entwickelt.«

Hier geschieht eine Aufspaltung. Sexualität als reine Lust, ein Ausleben des Sexualtriebs, ein Ausprobieren von Techniken.

Besonders die Kondomwerbung fördert diesen Gedanken durch verschiedene Plakate. Aber auch Zeitungen verbreiten diese Meinung.

Sex – ein Spiel

»Go for Gold« zeigt eine Treppe für die Siegerehrung, und auf Platz eins liegt ein goldenes Kondom. Es vermittelt genauso wie das Plakat »Fair play«, auf dem ein Kondom über den Rasen springt, dass Sexualität eine Art Hobby ist. Das Einzige, was man dafür braucht, ist ein Kondom.

Sex zu jeder Zeit

Eine auflagenstarke Zeitung warb mit eindeutigen Sprüchen und Bildern und stellte die Sexualität als Bedürfnis dar, das von jung an gestillt werden sollte:

Man sah ein spärlich bekleidetes Mädchen, dass seine Brüste nur mit den Händen bedeckte. Im Hintergrund las man: »Mittags krieg ich Hunger. Auf Sex.«

Sex mit jedem

Außerdem fallen alle Schamgrenzen. Offen wird für Untreue geworben, und dabei wird weder vor dem eigenen Schwager noch vor dem Chef haltgemacht.

Man sah einen Kuss aus rotem Lippenstift auf nacktem Po mit dem Kommentar: »Der gehört meinem Schwager.« Oder ein anderes Plakat zeigte einen schwangeren Bauch mit dem Untertitel: »Ich hab etwas gemeinsam mit meinem Chef: ein Kind.«

Wie lange kann ich wohl über die Plakate schmunzeln? Spätestens wenn es mich selbst betrifft und mein Mann der

Schwager oder Chef ist, werde ich die PR-Idee nicht mehr gut finden.

Sex als Fast Food

Immer wieder wird uns vermittelt, dass der Geschlechtsverkehr eine Tätigkeit von kurzer Dauer ist und man die guten Gefühle sozusagen im Vorbeigehen mitnehmen kann. Besonders entdecke ich diese Botschaft bei den Plakaten

»Quickie«, auf dem ein Kondom mit Düsenantrieb dahinsaust und

»Frühlingsgefühle«, auf dem ein Schmetterling dargestellt ist, wobei die vier Flügelteile aus Kondomen gezeichnet sind.

Die Dreiecksdecke

Seitensprung macht Spaß

Ich frage mich, warum man auch Seitensprünge bewerben muss. Große Plakate des Werberings: »Gib AIDS keine Chance« laden mich ein:

Oben links steht die Frage: »Seitensprung?« Und seitlich rechts hüpft ein knallgelbes Kondom aus dem Bild. Unten steht: »Mach's mit«.

Seitensprünge werden »normal«

Neben der Plakatwerbung für Seitensprünge bekommt man auch im Internet Hilfen für den Seitensprung. Da lädt die Seite: »Lust auf was NEUES?« mithilfe eines verführerischen Mädchens ein, doch kein Langweiler zu sein und das Leben immer wieder neu spannend zu gestalten. Und Lokalzeitungen schreiben Berichte über Trainingslager für Seitensprünge. Der Anbieter verspricht, dass die Ratschläge in der Praxis geprüft seien.

Doch wer kümmert sich um die Hintergangenen? Wollen wir Sexualität wirklich als Konsumgut darstellen? Wer spricht über die tiefen Verletzungen, die beim betrogenen Menschen entstehen?

Dreiecksbeziehungen
Auch Dreiecksbeziehungen haben Hochkonjunktur und tauchen immer wieder in der Werbung auf.

Auf einer Brotverpackung stand der Werbeslogan: »**Lass dir nichts entgehen, nimm beide**!« *Die Hersteller eines Brotes und einer Margarine verlosten zehn Reisen zu dritt im Wert von 5000 Euro und 23 Schlemmerorgien. Auf der Rückseite war in der Mitte ein Mädchen abgebildet, das rechts und links gleichzeitig von je einem Mann geküsst wurde. Sowohl die Reisen als auch die Schlemmerorgien waren jeweils zu dritt anzutreten.*

Ist das nicht unmoralisch? Was empfinden Sie, wenn Sie davon hören? Müsste man solche Angebote nicht boykottieren?

Für ein gemeinsames Studentenabonnement einer Zeitung und eines Magazins heißt der Werbeslogan: »*Wer clever ist, nimmt beide.*« *Über die Hälfte der Werbung nimmt ein Foto ein. Auf dem Foto sehen wir die Rückseite einer Bank, auf der rechts außen eine junge Frau neben zwei jungen Männern sitzt. Der blonde Junge neben ihr ist offensichtlich ihr Freund, denn er hat den Arm um sie gelegt. Sie ihrerseits hält mit der linken Hand hinter dem Rücken ihres Freundes die Hand eines dunkelhaarigen Mannes, der neben ihrem Freund sitzt.*

Wer möchte schon in einer Dreiecksbeziehung leben?

Nach dem ersten Schmunzeln vergeht dem Betrachter spätestens dann das Lachen, wenn er sich in den mittleren Mann hineinversetzt, der betrogen wird.

Pornografie

Cybersex und Pornografie kann man auch zu den Dreiecks-beziehungen zählen. Viele Menschen leiden darunter, dass ihre Partner stundenlang am Computer sitzen und auf ein-schlägige Seiten klicken und sie damit betrügen.

Das Internet hat unser Leben revolutioniert. Doch wie schnell kann man dabei auf pornografische Seiten klicken und in Chaträumen fragwürdige Kontakte haben. Immer wieder laden E-Mails und Links dazu ein, sich Life-Shows von allen möglichen abartigen Sexpraktiken anzuschauen. Männer sind da besonders anfällig, weil sie über das, was sie sehen, besonders leicht erregt werden.

* Wie gehen Sie mit Versuchungen im Internet um?
* Geraten Sie ab und zu mal auf pornografische Seiten?
* Kaufen Sie manchmal ein Pornoheft?

Walter Wüllenweber schreibt in dem Artikel: »Voll Porno« [27], *dass früher Liebespaare die sexuelle Liebe entdeckt hätten. Heute würde Liebe gelernt, indem man anderen im Internet beim Sex zuschaut. Vorbilder seien aber keine sich Liebenden, die etwas füreinander empfinden. Die Standards würden von Nummern ohne jedes Gefühl gesetzt. Es gäbe heute schon 12–14-Jährige, die alles über sexuelle Praktiken wüssten. Aber wenn man ihnen etwas von Liebe und Zärt-lichkeit erzählen würde, dann hätten sie keine Ahnung, wovon man redet. Streicheln, Händchen halten, Küsse würde man kaum noch sehen, da Kinder selbstverständlich Sex miteinander hätten und in Pornofilmen Küsse nicht vorkämen.*

Bewahren Sie sich Ihre Sexualität und schützen Sie sich vor Pornografie!

Aus der seelsorgerlichen Praxis weiß man, dass Bilder so einprägsam sein können wie Tätowierungen und man sie hinterher nur sehr schwer wieder los wird. Wie kann sich Sexualität gesund zwischen zwei Menschen entwickeln, wenn schon so viele Bilder und Filmsequenzen vor dem inneren Auge gespeichert sind? Wie schnell gerät man in den Strudel der Sucht – immer geiler, immer abartiger, immer öfter.

Die Scheidungsdecke

Unsere Sexualität wird dadurch mit beeinflusst, ob wir grundsätzlich auch eine Scheidung für möglich halten. Für frühere Generationen war die Ehe ein lebenslanger Stand. Durch die gegenseitige Abhängigkeit und die klare Verurteilung der Scheidung durch Gesellschaft und Kirche blieben Mann und Frau lebenslang zusammen, auch wenn viele Ehen nicht glücklich waren. Ehescheidung war eine Schande, und jedem, der es doch tat, war klar, dass er wahrscheinlich ein Leben lang alleine bleiben würde.

Durch die Berufstätigkeit der Frau und die Emanzipation sind Frauen heutzutage eher in der Lage, einen Schlussstrich unter eine für sie nicht erfüllende Ehe zu setzen, da sie finanziell nicht mehr vom Mann abhängig sind, wie es frühere Generationen waren. Hinzu kommt, dass Scheidung nicht mehr so geächtet wird und die Wahrscheinlichkeit, wieder einen neuen Partner zu bekommen, mit der Zahl der Scheidungen steigt.

Bei der jungen Generation erlebt man eine große Verunsicherung in puncto Ehe. Sie haben oft Angst, zu heiraten, und fragen sich, selbst wenn sie in stabilen Ehen aufgewachsen sind: »Kann ich eine Ehe durchhalten?«

Noch schwerer haben es junge Menschen aus geschiedenen Elternhäusern. Sie haben die Hypothek: »Meine Eltern haben es nicht geschafft.« So befürchten sie: »Warum soll es mir anders gehen?«

Kann man wirklich mit einem Menschen über längere Zeit glücklich sein? Oder ist das eine Illusion?

Eine Autofirma warb für Jahreswagen mit dem Slogan: »Die glücklichsten Beziehungen dauern bei uns nur zwölf Monate.« Ein Drittel der Reklame nahm das Bild eines vornüber geneigten Mannes ein, der weinte und dessen Beziehung offensichtlich gerade zerbrochen war.

Was wird uns durch solche Bilder suggeriert? Es gibt keine dauerhaften Beziehungen, glückliche schon gar nicht.

Offener Umgang bei Beziehungskrisen

Die Ehe war früher ein Geheimnis. Man sprach nicht über Eheprobleme, man hielt sie irgendwie aus. Heutzutage werden Kinder viel mehr in die Beziehungskrisen ihrer Eltern einbezogen. So kann es vorkommen, dass Jugendliche manchmal ihren Müttern oder Vätern sogar zu einer Scheidung raten, weil sie diese gespannte Atmosphäre nicht mehr ertragen können. Manche fühlen sich auch schuldig an der Ehemisere, nach dem Motto: »Wenn ich nicht wäre, hätten sie nicht geheiratet.«

Wie kann man heute daran glauben, dass lebenslange Partnerschaften möglich sind, wenn unsere Augen etwas anderes sehen? Prominente in Politik, Wirtschaft und Kultur leben es uns anders vor. Ehescheidungen im Bekannten-, Freundes- und Verwandtenkreis kommen immer häufiger vor. Selbst in christlichen Gemeinden, denen man bisher immer attestiert hat, relativ scheidungsresistent zu sein, trennen sich Paare und lassen sich scheiden. Das macht Angst.

Steigende Scheidungszahlen

Auch in Deutschland endet jede zweite bis dritte Ehe vor dem Scheidungsrichter, Tendenz steigend. Die Frustrationsschwelle sinkt, man ist nicht mehr bereit, gemeinsam durch Krisen zu gehen. Der Schritt zur rechtskräftigen Trennung wird manchmal schon nach wenigen Monaten gegangen, selbst wenn man vorher jahrelang Ehe »ausprobiert« hatte.

Vor mir liegt eine Werbung für einen Wodka, die uns ermutigt, die Scheidung nicht auf die lange Bank zu schieben, sondern schnell zur Tat zu schreiten.

Links steht die Flasche, die mich zum Feiern einlädt. Rechts daneben der Satz:»Offizieller Wodka schneller Entschlüsse.« Doch oben rechts im Bild ein Auto, an dem viele Blechdosen aneinandergereiht sind. Man hört förmlich das Geklapper der Dosen und will schon dem frisch verheiratetem Paar zujubeln und alles Gute wünschen, als der Blick auf ein großes Schild anstelle des Nummernschildes fällt: Just divorced (gerade geschieden).

Scheidungsmessen

Samstags kommen die Männer, Sonntags die Frauen. Bei der weltweit ersten Scheidungsmesse in Österreich im Oktober 2007 gilt dieses Prinzip[28]. Anton Barz, der Erfinder des Konzepts, hat früher Hochzeitsmessen veranstaltet, sei aber nun auf die Idee für das neuartige Event gekommen, da auch in Österreich jede zweite Ehe in die Brüche geht. Auf der Messe könnten Anwälte und Notare, Mediatoren und Psychologen ihre Stände aufbauen. Aber auch Immobilienmakler, Autoverkäufer und Reiseveranstalter sollen für einen Neustart sorgen. Damit es nicht zu unerwünschten Treffen mit den Expartnern komme, habe er verschiedene Tage für Männer und Frauen geplant.

Scheidungspartys

Aus Amerika abgeschaut finden nun auch in Europa immer mehr Scheidungspartys statt. Sie können wie Hochzeiten organisiert und gefeiert werden. Es gibt Agenturen, die Scheidungen zu einem Event werden lassen.

Mattias Beermann[29] schreibt aus Paris: Isabel (42) hatte an jedes Detail gedacht: schicke Einladungskarten, ein falscher Standesbeamter, ein üppiger Blumenstrauß. Im Empfangssalon eines Pariser

Hotels ging es zu wie bei einer Trauung im Rückwärtsgang. Vor 30 Gästen schwor die frisch geschiedene Kommunikationsberaterin feierlich der Ehe ab und feierte dann mit ihren Freundinnen ihr wiedergewonnenes Junggesellinnen-Dasein.

Rabatt bei Scheidung

Neulich warb ein großes Möbelhaus damit, bei Scheidung bis zu 20 Prozent Rabatt auf Möbel für den Neuanfang zu geben. Die Scheidungsurkunde müsste mitgebracht werden und dürfte nicht älter als ein halbes Jahr sein. Und auf der Visitenkarte eines Restaurants stand: »Bei Scheidungsfeten geben wir Rabatt – versprochen.«

Persönliche Einstellung zur Scheidung

Je mehr Scheidungen man miterlebt, je öfter man auf Scheidungspartys eingeladen wird und je selbstverständlicher man Vergünstigungen bei Scheidung auf Reklametafeln liest, desto eher bekommt man den Eindruck, dass Scheidung etwas Normales ist, das sogar gefeiert werden sollte.

Aber jede Scheidung ist schmerzhaft. Es tut weh, begreifen zu müssen, dass eine Ehe nicht mehr zu ertragen ist. Jede Beziehung hat mit Anziehung, Verliebtsein, Liebe, Sehnsucht, Träumen und Wünschen angefangen. Bevor so eine Beziehung vor dem Scheidungsrichter endet, gehen Menschen durch tiefe Krisen und erleiden viele Verletzungen, deren Schmerzen oft lebenslang anhalten.

* Wie ist Ihre Einstellung zu Ehescheidung?
* Rechnen Sie irgendwann damit?

Wir erwarten, dass sich Kinder immer wieder vertragen, dass Geschwister sich möglichst nicht streiten – wenn doch, dann nur fair. Wie sieht es in unseren Ehen aus? Legen wir da die gleichen Maßstäbe an? Versuchen wir auch, um jeden möglichen Preis miteinander auszukommen?

Viele Paare geben heutzutage zu schnell auf. Beim ersten größeren Streit kommen Zweifel, ob man wohl den richtigen Partner geheiratet hat. Aber anstatt Hilfe und Beratung in Anspruch zu nehmen, wird schon oft im ersten Ehejahr die Scheidung eingereicht. Leider glauben immer noch viele Menschen daran, dass eine glückliche Ehe ohne aktives Hinzutun zustande kommt, wenn man nur den richtigen Partner hat. Das Besuchen eines Eheseminars oder die Inanspruchnahme von ehelichen Beratungseinrichtungen wird als Zeichen von Schwäche, Versagen und somit als Demütigung empfunden.

Scheidung beginnt im Kopf, deshalb ist es sehr wichtig, wie wir mit unseren Gedanken umgehen.

Unsere Decke

Was geschieht mit uns, wenn wir tagtäglich solchen Bildern und Werbeplakaten ausgesetzt sind? Wir halten die Botschaften für wahr und normal.

Bei all den Einflüssen bleibt es aber unsere Entscheidung, wie wir uns prägen lassen. Wir haben die Verantwortung für das, was wir sehen oder hören und auf welche Seiten wir im Internet gehen. Es wäre falsch zu sagen: »Werbung ist schlecht. Computer muss ich verbannen. Zeitschriften darf man nicht lesen und Filme nicht ansehen.« Aber Sie entscheiden selbst, was Sie in sich aufnehmen und welchen Vorstellungen Sie Raum geben.

Wenn Sie einen Kinofilm anschauen, in dem auch Bettszenen sind, kann es sein, dass Sie erregt sind und mit Ihrer Frau schlafen wollen. Mal ganz ehrlich – ist das richtig? Es gibt einen Spruch im Volksmund: »Appetit kannst du dir überall holen, aber gegessen wird zu Hause.« Für den Bereich der Sexualität ist das falsch.

Vielleicht haben Sie sogar ein schlechtes Gewissen gespürt, da Sie auch während des Geschlechtsverkehrs in Gedanken und Gefühlen immer wieder zu den Filmszenen abgeschweift sind. Möchten Sie, dass Ihre Frau zwar mit Ihnen schläft, aber in Gedanken von Marlon Brando, Johnny Depp oder Nicolas Cage träumt und schwärmt? Es ist heutzutage normal, anderen beim Beischlaf zuzuschauen. Die wenigstens kämen auf die Idee, bei solchen Szenen die Augen zu schließen, den Fernsehapparat auszuschalten oder sogar das Kino zu verlassen. Sexualität heißt eigentlich Intimverkehr, also etwas Verborgenes, etwas, das nur zwei Menschen angeht. Sprechen Sie doch mal ganz offen als Paar über Ihre Gefühle und Gedanken dazu und wie Sie in Zukunft damit umgehen wollen.

Manche Paare werden dann feststellen, dass Männer eher die Bettszenen behalten und wiedergeben können, während Frauen mehr durch Filmausschnitte mit tiefen Gesprächen angesprochen werden. Aber es mündet letztendlich darin, dass unsere Gefühle und Sehnsüchte nicht von unseren Partnern hervorgerufen werden, sondern von den Schauspielern.

* Haben Sie auch schon bei Bettszenen in Filmen zugeschaut, die sehr erregend waren, und anschließend mit Ihrem Partner schlafen wollen?
* Können Sie bei bestimmten Filmszenen den Fernseher ausmachen?

Entdecken Sie die Stolpersteine und Fallen in Ihrer Beziehung. Sonst geht es Ihnen eines Tages auch so wie manchen Paaren, die sich erst einen Pornografiefilm anschauen müssen, bevor sie miteinander schlafen können, oder bei denen eines Tages schmerzhaft offenbar wird, dass neben der ehelichen Sexualität eine weitere in Fantasien, Liebesromanen, Internetseiten, Pornografieheften ausgelebte Sexualität lebt und ihre Ehe beraubt.

Stricken Sie gemeinsam Ihre eigene Decke mit Ihren Wertevorstellungen, Wünschen und Überzeugungen. Lassen Sie sich Ihren Traum von der Liebe, die hält und auch in Krisen geduldig ist, nicht rauben.

7. Kapitel

Kältebrücken

Manche Paare wundern sich, warum ihre Sexualität sie nicht wärmt. Oft stellen Sie dann fest, dass die Decke Löcher hat, große und kleine, die oft aus ihrer Vergangenheit herrühren. Wenn man in die Ehe geht, ist man oft kein unbeschriebenes Blatt, und es ist wichtig, ehrlich mit den Vorerfahrungen umzugehen, denn sie werden Auswirkungen auf unser Sexualleben haben.

* Wie sind Sie aufgeklärt worden, wie waren Ihre ersten Kontakte zum anderen Geschlecht? Liebevoll oder beschämend?
* Wurden Sie enttäuscht oder sogar benutzt und ausgenutzt?
* Sind Sie vielleicht immer noch an eine andere Person gebunden?

Maja sagte über ihren ersten Freund: »Er hat mich einfach genommen, gepflückt wie eine Blume, ohne zu fragen, was der Blume guttut. Und ich habe mich pflücken lassen. Ich war noch so jung. Ich habe mich nicht gewehrt.«

Andreas dachte über den Vergleich der Rose mit der Sexualität nach und meinte. »Eine Rose hat eine wunderschöne Blüte, aber auch Dornen. Ich habe mich sehr an den Dornen verletzt, als ich mit einem Mädchen schlief. Bis heute spüre ich den Schmerz in mir.«

Frühere sexuelle Beziehungen?

Viele Ehepartner erleben, dass sie noch an Partner aus der Vergangenheit gebunden sind. Im Bett kommt es zu Schwierigkeiten, da man schon feste Vorstellungen und Erfahrungen mitbringt, wie es funktionieren sollte. Besonders, wenn Probleme auftauchen, denkt man daran, wie einfach es doch mit dem anderen war. Im Laufe der Zeit verklärt sich auch das

Bild des anderen. Von Schwierigkeiten weiß man nichts mehr. Wichtig ist es, ehrlich miteinander umzugehen.

Arne bittet Maria um Vergebung: »Bitte vergib mir, dass ich schon mit mehreren anderen Frauen geschlafen habe. Besonders meine Beziehung zu Vera steht unserer Sexualität im Wege. Warum habe ich das nur getan? Aber ich wusste es nicht besser. Niemand hat mir gesagt, dass es in meiner späteren Ehe Probleme geben könnte, wenn ich Sex schon vorher hätte. Für mich gehörte es einfach zu einer Beziehung dazu. Jetzt verstehe ich, dass ich beim Sex eine sehr tiefe Bindung eingegangen bin. Ich wünsche mir, mit dir eins zu werden, ohne an die anderen denken zu müssen. Lass uns die Hoffnung nicht aufgeben.« Auch Maria hatte vorher schon eine zweijährige Beziehung mit einem anderen Mann und gab zu, immer wieder Probleme damit zu haben.

Die sexuelle Abhängigkeit kann so stark sein, dass man nicht mehr von einem Menschen loskommt. Immer wieder erlebt man Paare, die nicht zusammenleben können, aber auch nicht getrennt. Sie sind in eine sexuelle Abhängigkeit geraten und kommen nicht voneinander los. Diese sexuelle Bindung ist oft auch der Grund, dass ein junges Mädchen bei einem wesentlich älteren Mann bleibt oder ein verheirateter Mann immer wieder zu seiner Geliebten zurückkehrt, obwohl er eigentlich seine Frau liebt. Manchmal entwickelt sich daraus auch eine Hassliebe. Man hasst die Abhängigkeit zu diesem Menschen, die eigene Gebundenheit und Unfähigkeit, sich zu lösen. Der Kopf lehnt die sexuelle Bindung ab, aber der Körper verlangt immer wieder danach.

* Wie war Ihre Teenagerzeit?
* Haben Sie schlechte Erfahrungen mit dem anderen Geschlecht gemacht?
* Hat man mit Ihnen gespielt, Ihre Gutgläubigkeit ausgenutzt?
* Haben Sie andere benutzt?

* Sind Sie überredet worden, Sexualität einmal auszuprobieren, ohne dass Liebe im Spiel war?

Viele junge Menschen sind neugierig auf Sex und meinen auch nur Sex und nicht unbedingt den Menschen, mit dem sie Sex praktizieren. Man möchte Erfahrungen sammeln, vielleicht auch verschiedene Stellungen ausprobieren, die man in irgendeinem Film oder einer Zeitung gesehen hat, und macht sich keine Gedanken darüber, dass man damit die Gefühle eines Menschen verletzen kann. Oft definiert man(n) sich in der Jugendzeit darüber, ob und mit wie vielen Personen man schon Geschlechtsverkehr hatte. Aber was ist das für ein Gefühl, wenn man nicht als Mensch begehrt und geliebt ist, sondern wenn der andere nur Sex haben wollte? Das kann sehr wehtun, besonders, wenn Sie selbst es ernst gemeint haben.

Manchmal erfährt man sogar von Kuss- oder Sexlisten, oder dass auf den Beischlaf mit einer Jungfrau Wetten abgeschlossen werden.

Abtreibung?

Bei manchen Menschen können die Folgen einer Abtreibung in der Vergangenheit so weit gehen, dass sie sich immer wieder neu selbst bestrafen wollen, um die Schuld irgendwie zu sühnen. Sie verbieten sich sozusagen den Spaß an der sexuellen Vereinigung, was die eheliche Sexualität sehr belastet. Oft fragt sich die Betreffende auch, ob Gott sie jetzt bestraft und sie vielleicht nie mehr ein Kind bekommen würde. Es gibt sehr quälende Gedanken, unter denen Menschen nach einer Abtreibung leiden können.

* Sind Sie vielleicht ungewollt schwanger geworden und haben dann das Kind abgetrieben?
* Quälen Sie noch Selbstvorwürfe, Albträume oder sogar Depressionen?

* Weiß Ihr Partner von der Abtreibung? War es vielleicht sogar sein Kind?
* Haben Sie Angst, nie mehr schwanger zu werden?

Viele Menschen denken, dass man erst nach dem dritten Schwangerschaftsmonat ein Mensch ist. Um dem entgegenzuwirken, verteilen manche Abtreibungsgegner naturgetreue Abbildungen von Embryonen in der zehnten Schwangerschaftswoche?[30]

Nina öffnete einen Briefumschlag mit einem solchen Kunststoffmodell und brach sofort in Tränen aus. Wie versteinert ließ sie sich auf einen Stuhl fallen und sagte: »Das habe ich nicht gewusst.«

Viele vergessen bei der Abtreibung, dass ein Kind getötet wird. Durch Dokumentationen während der Abtreibung weiß man, dass der Puls des Kindes ansteigt, und da es bereits nach vier Wochen Nervenbahnen ausbildet, kann es auch schon Angst und Schmerzen erleben.

Auch wenn Sie kein Gericht in Deutschland schuldig spricht, wenn Sie bis zur zwölften Schwangerschaftswoche abgetrieben haben, kann es trotzdem sein, dass Ihr Gewissen für schuldig plädiert. Das kann so weit gehen, dass Sie sich selbst verachten und hassen. Oft macht sich ein Paar auch gegenseitig Vorwürfe wegen der Abtreibung, oder einer von beiden wird mit der Situation nicht fertig, weil er sich schuldig und unverstanden fühlt. Denn auch der Mensch, der eine Abtreibung vornehmen lässt, kann in einen Trauerprozess gezogen werden so wie Frauen, die eine Fehlgeburt erlebt haben. Nur hat man für Frauen, die abgetrieben haben, noch weniger Verständnis als für Mütter fehlgeborener Kinder.[31]
Wenn der Mann die Frau gezwungen hat, abzutreiben, verliert die Frau oft jede Art von Achtung vor dem Mann, nennt ihn in Gedanken den Mörder des Kindes und hat ganz große Schwierigkeiten, ihn weiter zu lieben.

Vielen Frauen wird erst nach Jahren bewusst, dass der damalige Schritt nicht ohne Folgen blieb und sie schuldig geworden sind.

Sie haben die Möglichkeit, Ihre Schuld vor Gott zu bekennen und z. B. wie folgt zu beten: *»Vater im Himmel, ich bitte dich um Vergebung, dass ich dein Geschöpf, mein Kind, getötet habe. Es tut mir leid. Ich vergebe auch mir selbst und, wenn nötig, den Personen, die mich überredet oder sogar gezwungen haben, abzutreiben. Bitte hilf mir dazu. Ich will frei werden von den Schuldgefühlen und Albträumen. Ich werde auch den Vater des Kindes um Vergebung bitten, sofern ich es noch nicht getan habe. Ich glaube, dass du, Jesus Christus, für unsere Schuld in die Welt gekommen bist und auch für diese Schuld ans Kreuz gingst. Ich nehme deine Vergebung jetzt an.«*

Abtreibungsgegner wollen durch einfache Maßnahmen darauf aufmerksam machen, dass an jedem Werktag 1000 Kinder im Mutterleib abgetrieben werden.

Im Oktober 2007 stellten die Mitarbeiter der Embryonenoffensive[32] 1000 Kinderschuhpaare auf die Kölner Domplatte, um auf die vielen Kindstötungen im Mutterleib aufmerksam zu machen. Claudia Wellbock erzählte davon, dass sie nach einer Abtreibung in eine tiefe Depression gefallen ist und sich das Leben nehmen wollte, genauso wie Ursula Linsin-Heldrich, die beide jetzt in der oben genannten Antiabtreibungsorganisation mitarbeiten.

Vielleicht spüren Sie beim Lesen der obigen Zeilen, dass Sie auch andere Frauen vor einer Abtreibung bewahren möchten? Es gehört Mut dazu, sich der Vergangenheit zu stellen, und es gehört auch Mut dazu, in der heutigen Zeit darauf aufmerksam zu machen. Aber unsere Gesellschaft braucht solche Menschen.

Sexuell übertragbare Krankheiten?

Aus der Praxis weiß man, dass manche Menschen große Schwierigkeiten haben, psychisch zu verarbeiten, wenn sie schon einmal geschlechtskrank waren.

* Waren Sie schon einmal geschlechtskrank?
* Weiß Ihr Partner davon?

Neulich fragte eine junge Frau, 25 Jahre alt, die noch keinen Geschlechtsverkehr hatte, weil sie bis zur Ehe warten wollte: »Mein Verlobter und ich wollen in drei Monaten heiraten. Er hat aber schon mehrere intime Beziehungen gehabt, bevor er gläubig wurde und mich traf. Würden Sie mir raten, dass er sich auf Geschlechtskrankheiten untersuchen lassen sollte, bevor er mit mir schläft? Vielleicht hat er ja eine HIV- oder Chlamydien-Infektion und weiß es nicht.«

Ich würde heutzutage jedem Paar raten, sich gynäkologisch, bei einem Hautarzt oder Urologen untersuchen zu lassen, wenn sie nicht unberührt in die Ehe gehen. Außerdem wäre eine Impfung gegen Papillomviren, die Gebärmutterhalskrebs auslösen können, ratsam.

Man unterscheidet Geschlechtskrankheiten im engeren Sinne, die fast ausschließlich durch den Geschlechtsverkehr übertragen werden, Geschlechtskrankheiten im weiteren Sinne, bei denen man sich auch auf einem anderen Weg anstecken kann, und Krankheiten, die durch den Geschlechtsverkehr übertragen werden können.

Geschlechtskrankheiten im engeren Sinne
• Gonorrhoe (Tripper)
• Syphilis (harter Schanker)

Geschlechtskrankheiten im weiteren Sinne
• Infektionen durch Chlamydien

- HIV-Infektionen (HIV – human immunodeficiency virus), AIDS (acquired immune deficiency syndrome)
- Infektionen durch Herpesviren
- Pilzerkrankungen

- Infektionen durch Trichomonaden

Krankheiten, die durch Geschlechtsverkehr übertragen werden können
- Hepatitis B
- Hepatitis C

Unfruchtbar?

Es stimmt, dass man durch aufsteigende Infektionen unfruchtbar werden kann. Besonders Geschlechtskrankheiten, die ohne große Beschwerden ablaufen, wie die Chlamydien-Infektion werden oft gar nicht entdeckt und können die Ei- bzw. Samenleiter durch Entzündungen verkleben.

* Quält Sie der Gedanke, dass Sie vielleicht deshalb keine Kinder bekommen oder zeugen können?

Man kann die Vergangenheit nicht ungeschehen machen, aber man kann sich bei Gott und Menschen entschuldigen und Gott um Heilung für die Wunden bitten. Vielleicht braucht einer von Ihnen beiden auch seelsorgerliche oder psychotherapeutische Hilfe. Nehmen Sie sie an. Suchen Sie Menschen, die Ihnen zuhören und Ihnen helfen, den Weg der Heilung und Vergebung zu gehen, damit Ihre Decke keine Löcher mehr hat und Sie gut wärmt.

Zusammenfassung

Die nachfolgenden Fragen und Aussagen eignen sich zum intensiven Austausch für Sie und Ihren Ehepartner.

Allgemein

* Wie würden Sie Ihre eheliche Sexualität beurteilen?
* Was läuft Ihrer Ansicht nach gut?
* Was wollten Sie Ihrem Partner schon immer einmal sagen?
* Was wünschen Sie sich in Ihrer Sexualität von Ihrem Partner?
* Wie oft möchten Sie mit Ihrem Partner eins werden?
* Wie ist Ihre Einstellung zu Kindern?
* Wie geht es Ihnen mit der momentanen Verhütungsmethode?

Welche Blockaden entdecken Sie bei sich? Bei Ihrem Ehepartner?

* Lange Phasen der Enthaltsamkeit
* Müdigkeit
* Zu großes Arbeitspensum
* Fehlende Romantik
* Fehlende Vergebung
* Krisen durch Trauer, Krankheit etc.
* Praktizieren Sie Selbstbefriedigung?

Was steht einer erfüllten Sexualität aus der Vergangenheit noch im Wege?

* Erinnerung aus der Vergangenheit
* Vorehelicher Verkehr
* Andere Partner vor der Ehe
* Abtreibung

Ansätze zur Veränderung

* Welche Ideen haben Sie, damit Sie sich wieder neu ineinander verlieben könnten?
* Wie könnten Sie Gott in die Sexualität mit einbeziehen?
* Haben Sie schon einen Bund mit den Augen geschlossen?
* Sprechen Sie über Ihre Gefühle, Wünsche, Sehnsüchte und Verletzungen!
* Arbeiten Sie die Vergangenheit auf.
* Prüfen Sie, wo Unvergebenheit, Verletzungen oder Unsicherheit Ihrer Hingabe im Weg stehen.
* Lesen Sie allein und gemeinsam Bücher zu dem Thema.
* Suchen Sie einen Seelsorger Ihres Vertrauens auf – allein oder zu zweit.

Nachwort

Gott sehnt sich nach tiefer Gemeinschaft mit uns

Paulus vergleicht mit dem nachfolgenden Bibelvers die Ehe mit der Beziehung, nach der sich Gott zu den Menschen sehnt.

> »*In der Schrift heißt es: Deshalb wird ein Mann Vater und Mutter verlassen und sich an seine Frau binden und die beiden werden zu einer Einheit. Dies ist ein großes Geheimnis, aber ich deute es als ein Bild für die Einheit von Christus und der Gemeinde.*«
>
> *Epheser 5,31–32*

Paulus benutzt diese Metapher und geht von der menschlich allgemein erfahrbaren Realität der Ehebeziehung aus. Er weist damit auf das besondere, für uns oft weniger greifbare Verhältnis von Jesus zur Gemeinde hin.

Für uns ist Ehe Gottes Erfindung, und so ist es nicht verwunderlich, dass die Bibel mit der Geschichte eines Ehepaares anfängt und mit einer Hochzeit endet.

Das erste Ehepaar

Die Bibel beginnt mit der Ehebeziehung von Adam und Eva, von Ish (Mann) und Isha (Männin). Sie ist ihm zugeordnet, hilft und ergänzt ihn und hat gleichzeitig doch ein ganz eigenständiges Leben. Jeder Mensch, egal ob Mann oder Frau, hat einen freien Willen und eine Eigenverantwortung, die durch nichts in der Welt, durch keine Person oder Institution abgenommen werden kann.

Ehepaare

Die Ehe ist Gottes Erfindung. Er hat die beiden Geschlechter in so unterschiedlicher und zum Teil sehr kontrovers erscheinender Wesensart mit der Möglichkeit geschaffen, dass Kinder in einem liebenden Spannungsfeld zwischen zwei verschiedenartigen Polen heranwachsen und reifen. Mann und Frau haben in unterschiedlicher Art und Weise Anteil an diesem Wachstumsprozess der Kinder. Gleichzeitig werden wir als Männer und Frauen selbst einem eigenen Wachstumsprozess unterworfen. Wir lernen, Wünsche zu formulieren, Gedanken zu hinterfragen, Verzicht zu üben. Im Laufe dieses Lebens müssen wir uns immer wieder veränderten Lebensbedingungen stellen. Auch unsere Sexualität ist einem Wandel unterworfen. Sie beinhaltet die Möglichkeit, im Alter reifer zu werden und neue Ausdrucksformen zu finden.

Gott will in der Ehe als Dritter auch im Bereich der Sexualität mit einbezogen werden. Er hat die Sexualität geschaffen und freut sich, wenn wir sie genießen können. Wir brauchen sie nicht vor Gott verstecken.

Die Ehe in ihrer Gesamtheit, aber auch die Sexualität lebt von der gegenseitigen Offenheit und Wahrhaftigkeit voreinander. In kaum einem anderen Bereich wirkt sich Lüge, dem anderen etwas vormachen oder gar über Jahre bestehender versteckter Betrug als so verletzend auf die Beziehung aus wie im Sexuellen.

Gott hat uns mit der Sexualität ein Instrument an die Hand gegeben, das seine Spielregeln quasi selbst schreibt. Wenn wir mit diesem Instrument betrügerisch umgehen, dann wird uns die Sexualität aus der Hand gleiten, und wir werden uns nicht dauerhaft an ihr erfreuen können. Daher ist es nicht verwunderlich, dass auf keinem anderen Gebiet so viel gelogen, einander vorgemacht, verschleiert oder vertuscht wird.

Wenn wir dagegen verantwortungsvoll miteinander umgehen, können wir uns gegenseitig in der Sexualität erkennen und zunehmend Freude und immer mehr Tiefe in unserer gemeinsamen Beziehung erleben.

Gott möchte mit uns in einer ähnlichen Weise in Verbindung treten. Er liebt uns uneingeschränkt, aber er sucht unsere Wahrhaftigkeit, unsere Offenheit und unsere Bereitschaft, ihm darin zu begegnen. Wenn wir ihm darin etwas vormachen und damit nicht die Beziehung im Vordergrund steht, sondern religiöse Übungen, dann betrügen wir ihn und uns selbst.

Kleidung kann körperlichen Makel verdecken, in der Sexualität fallen die Hüllen, das heißt wir werden in unserer ganzen Stärke und Schwachheit, in unserer ganzen körperlichen Identität offenbar. Wenn die Sexualität in eine liebende Beziehung eingebunden ist, fällt es uns nicht schwer, uns so bloß und nackt zu offenbaren.

Gott sehnt sich danach, dass wir seine Liebe für uns entdecken und in dieser Liebe das Vertrauen schöpfen, ihm unverhüllt mit unseren Stärken und Schwächen entgegenzutreten. Er kennt uns sowieso. Aber seine Achtung gegenüber unserem freien Willen ist so groß, dass er uns erlaubt, uns zu entscheiden, wie offen und wahrhaftig wir ihm gegenübertreten wollen.

Vor diesem Hintergrund ergibt sich, dass eheliche Sexualität ein wunderbares Übungsfeld ist, immer mehr zu der Persönlichkeit zu werden, die Gott sich vorgestellt hat.

Je mehr Festigkeit ich in meiner Beziehung habe, umso mehr kann ich mich auf die Entdeckungsreise im Bereich der Sexualität begeben. Es geht um das Entdecken des Gegenübers. In der Luther-Bibel wird dieses »Entdecken in der Sexualität« mit »sich gegenseitig erkennen« übersetzt.

Wir haben an verschiedenen Stellen in diesem Buch darauf aufmerksam gemacht, dass die Ehe ein Geheimnis ist und damit auch mit Gott in Verbindung gebracht wird. Die Ehe ist ein wunderbares Modell, an- und miteinander zu lernen, sich gegenseitig zu vertrauen. Gott sehnt sich danach, dass wir ihm auf einer anderen Ebene genauso praktisch, ehrlich, das heißt angstfrei, begegnen und von ihm lernen. Gott ist die am meisten verkannte Person des ganzen Universums. Er sehnt sich danach, dass wir ihn erkennen, seinen Anweisungen und persönlichen Führungen vertrauen, und eine freundschaftliche Beziehung mit ihm pflegen lernen.

Jesus als Bräutigam und die Gemeinde als Braut
Gott hat neben diesem zeitlich begrenzten irdischen Zusammenleben eines Ehepaares auch noch eine in die Ewigkeit hineinreichende Beziehung geschaffen.

Die Bibel endet mit einer Hochzeit, der Vermählung von Jesus Christus mit seiner Braut, mit der all die Menschen bezeichnet werden, die Jesus Christus als persönlichen Retter kennen- und lieben gelernt haben. Auch hier handelt es sich nicht um einen Vertrag auf Zeit, sondern um eine gegenseitige Hingabe.

Mit der Ehe und der darin einbezogenen Sexualität will Gott uns darauf vorbereiten und die Augen öffnen, dass in einem zweiten Zeitraum (der sogenannten Ewigkeit) eine in Grundzügen ähnlich gelagerte Verbindung bestehen kann, eine Beziehung zwischen ihm und uns. Die Voraussetzung dafür ist aber, dass wir uns jetzt in diesem Leben Jesus Christus anvertrauen und seinen Sühnetod stellvertretend für unsere Schuld annehmen.

Wir wünschen Ihnen, dass Sie sowohl in Ihrer Ehe als auch in Ihrer Beziehung zu Gott immer mehr erleben, beschenkt zu werden und zu beschenken.

Ihre Ute und Thomas Horn

Es gibt ein erfülltes Leben trotz vieler unerfüllter Wünsche.

Dietrich Bonhoeffer

Anmerkungen

[1] Gabriele Pauli, Ehen nur noch auf Zeit, Rheinische Post, 20.9.2007.

[2] Philip Bethge, Die Biologie der Partnersuche, Adams Frauen, Evas Männer, Der Spiegel 28.2.2005.

[3] Vielfacher Vater, Rheinische Post, 11.12.2007.

[4] Hamburger Gewis-Institut für Frauenzeitschrift Elle, www.onleben.de, 07.10.2007.

[5] Ehepaar Köhler: Köhlers scheue Königin, Stern Nr. 9, 24.2.2005, S. 179.

[6] Thomas Gottschalk, in der Fernsehsendung »Wetten, dass ...«, 10.11.2007.

[7] ddp (Deutscher Depeschendienst), Studie: Deutsche geben für Wellness 75 Milliarden Euro aus, 22.1.2008.

[8] Rainer Langhans, in: »Conrad und Co«, ZDF, Kein Sex vor der Ehe?

[9] Be different, wahre Liebe wartet (Broschüre), S. 21.

[10] Dirk Lüling, Phasen einer Ehe, Tips für die christliche Ehe, 1/94, Neues Leben für Familie.

[11] Ute Horn, Ich will dir treu sein.

[12] Siegfried Schober, Der große Unterschied, Stern 20/1992, S. 135–139.

[13] ASG-Bildungsforum, Düsseldorf, Seminar 2008.

[14] »Zeugungsstreik«: Viele Männer auch ohne Kinder glücklich, Berlin dpa, 27.2.2008.

[15] »Zeugungsstreik«: Viele Männer auch ohne Kinder glücklich, Berlin dpa, 27.2.2008.

[16] Jens Voss, Der Traum von Kindern, Rheinische Post, 29.2.2008.

[17] Stefanie Winkelnkemper, Babyboom in Deutschland, Rheinische Post, 29.2.2008.

[18] Immer mehr Väter beanspruchen Elterngeld, Rheinische Post, 1.3.2008.

[19] Deutsche Gesellschaft für Gynäkologie und Geburtshilfe e. V., Leitlinie Empfängnisverhütung Stand September 2006 (www.neu.dggg.de)

[20] Josef Rötzer: Der persönliche Zyklus der Frau, Herder Verlag, 1999.

[21] www.medizin.de, Antibabypille

[22] www.urologenportal.de

[23] www.frauenärzte-im-netz.de

[24] www.gutscheinbuch.de

[25] Meyers großes Taschenlexikon, S. 41, Band 6, 1981.

[26] Josef Rötzer, Prof. Dr. med., Der persönliche Zyklus einer Frau, Herder Verlag, 1999.

[27] Walter Wüllenweber, Voll Porno – Wenn Kinder nicht mehr lernen, was Liebe ist, 66 Stern 6/2007, S. 64 ff.

[28] www.welt.de Ehe: Weltweit erste Scheidungsmesse in Österreich, 16.7.2007.

[29] Matthias Beermann: Paris; Die durchschnittliche Beziehung geht nach drei Jahren in die Brüche, Rheinische Post, 18.4.2007.

[30] Thomas Schührer, www.embryonenoffensive.de

[31] Ute Horn, Leise wie ein Schmetterling – Abschied vom fehlgeborenen Kind, Hänssler Verlag, 2005.

[32] kreuz.net, Ein schwerer Fehler, 16.10.2007.

Literatur und Medien

Bücher zum Thema
- Gary Chapman: Die fünf Sprachen der Liebe, Francke Verlag, ISBN 978-3-86122-126-5
- Josef Rötzer: Der persönliche Zyklus der Frau, Herder, ISBN 978-3-451-26885-4
- Shaunti Feldhahn: Frauen sind Männersache, Gerth Medien, ISBN 978-3-86591-159-9
- Shaunti Feldhahn: Männer sind Frauensache, Gerth Medien, ISBN 978-3-86591-067-7
- Ute Horn: Ich will dir treu sein, Gerth Medien, ISBN 978-3-89437-993-3

Bei Hänssler sind von Ute Horn weiterhin erschienen
- Baustelle erste Liebe – für Teens (Co-Autor: Daniel Horn)
- Baustelle erste Liebe – Mit Teenagern über Freundschaft, Liebe und Sexualität sprechen (Co-Autor: Winfried Hahn)
- Freundinnen
- Leise wie ein Schmetterling – Abschied vom fehlgeborenen Kind
- Meine Krise – Gottes Chance
- Sehnsucht, Sex und frommer Frust

Broschüren
»Be different« der Organisation *Wahre Liebe wartet – Deutschland*, Postfach 62, 73555 Mutlangen

Internet-Adressen
- www.embryonenoffensive.de
- www.lebenundlebenlassen.de
- www.medizin.de
- www.netdoktor.at
- www.wahreliebewartet.de

GARY SMALLEY

ENTDECKE
DEINE
FRAU

hänssler

Gary Smalley

Entdecke deine Frau

Pb., 13,5 x 20,5 cm, 176 S.
Nr. 394.918,
ISBN 978-3-7751-4918-1

Kennen Sie das Geheimnis einer glücklichen Ehe?
Gary Smalley zeigt: Wenn Männer die Unterschiedlichkeit Ihrer Frau verstehen, entdecken sie den Weg zu einer gelungenen Partnerschaft. Schritt für Schritt erfährt Er, wie Sie sich vollkommen geliebt und geborgen fühlt.

GARY SMALLEY

ENTDECKE
DEINEN
MANN

hänssler

Gary Smalley

Entdecke deinen Mann

Pb., 13,5 x 20,5 cm, 180 S.
Nr. 394.917,
ISBN 978-3-7751-4917-4

Ist Ihr Partner auch Ihr bester Freund?
Eine erfüllte Ehe ist kein Produkt des Zufalls. Gary Smalley zeigt, wie eine zärtliche und liebevolle Beziehung wachsen kann. Eine Frau kann ihren Mann dazu bewegen, ihre geheimsten Wünsche zu erfüllen: feinfühliger mit ihr umzugehen; ihr wirklich zuzuhören; an seinem Charakter zu schleifen. So wird ihr Mann zu ihrem besten Freund. Ein Buch zum Mit- und Nachmachen.

Bitte fragen Sie in Ihrer Buchhandlung nach diesen Büchern!
Oder schreiben Sie an: Hänssler Verlag
im SCM-Verlag GmbH & Co. KG, D-71087 Holzgerlingen.

Ute Horn

Meine Krise –
Gottes Chance

Pb., 13,5 x 20,5 cm, 100 S.
Nr. 394.625,
ISBN 978-3-7751-4625-8

Krisen gehören zum Leben dazu!
Was lösen sie in uns aus?
Wo finden wir Hilfen, mit den verschiedenen Krisen in unserem Leben
angemessen umzugehen?
Gibt es Menschen, an deren Vorbild wir lernen können? Gibt es Texte, die
uns in Trauer, Enttäuschung und Einsamkeit Wegweiser sind?
Ute Horn möchte Sie in diesem Buch ein Stück auf dem Weg durch die großen und kleinen Krisen Ihres Lebens begleiten und Ihnen Hoffnung vermitteln, dass nach Tälern und Schluchten auch wieder Berggipfel kommen!

Ute Horn

Freundinnen

kl. Hc., 10,5 x 16,5 cm, 144 S.
Nr. 394.818,
ISBN 978-3-7751-4818-4

Sehnen Sie sich auch nach einer besten Freundin?
Freundinnen sind kostbar. Freundschaft ist ein Geschenk, das sich nur
entwickeln kann, wenn zwei Menschen Zeit miteinander verbringen.
Ute Horn möchte Mut machen, gute Beziehungen zu mehreren Frauen
zu bauen. Jagen Sie nicht einer Traumfreundin nach, sondern lassen Sie
sich von Frauen begeistern, die Ihre Mutter, Töchter oder Schwestern sein
könnten.

Bitte fragen Sie in Ihrer Buchhandlung nach diesen Büchern!
Oder schreiben Sie an: Hänssler Verlag
im SCM-Verlag GmbH & Co. KG, D-71087 Holzgerlingen.